ちくま新書

超速読力

齋藤 孝
Saito Takashi

1412

超速読力【目次】

第四章 「超速読力」のトレーニング

第五章 高度な「超速読力」～小説、古典を味わう

「超速読力」とは
資料や本をパッと見た瞬間に、
内容を理解し、コメントを言える力のことです。

はじめに　見た瞬間に理解できる「超速読力」が求められている

最近の人たちは本を読まないとか、新聞を読まないなどと言われています。しかし「活字」という点でいうと、今の私たちは、かつてないほど活字にふれている時代に身を置いているのではないかと思います。

いいか悪いかは別として、今は誰もが、いつでもどこでもスマホを見ています。ネットを検索したり、ＳＮＳに時間をさいたり、ＰＣに向かっている時間も信じられないほど増えています。

毎日、ぼうだいな活字に浸っているので、ひとつひとつ丁寧に読んでいたのでは時間がいくらあっても足りません。たくさんの情報量を処理するには、活字を見た瞬間に理解できるくらいのスピード感が求められている、と言えましょう。

たとえばインターネットでぱっと写し出された画面を、さっと読み取ることができれば、次々にスクロールしていって全体が理解できるでしょう。あるいは会議で配られた資料にささっと目を通して、全体像をつかめる。そういう力が求められていると思うのです。

私はそれを「超速読力」と名付けました。「超速読力」とは、見た瞬間に理解できるという新しい力です。たとえば、この本の見開き二ページを見たら、一五秒くらいですっとわかるのが「超速読力」です。

A4の資料一枚も、およそ一五秒で意味を取ります。慣れた分野のものなら、一枚あたり一〇秒、五秒と短縮していきます。一枚五秒ですと、超速読感が出ます。

小説などを楽しむ読書のために使う力ではなく、資料・ネットを読むときや、新書・実用書など情報を得るため、または古典としておさえておきたい読書のときに使う力です。

さらに、**読んだものに対してコメントが言える。このコメントが言える、という点が「超速読力」のポイントになります。**ただ速く読めればいい、というのではありません。

本書では現代社会に求められている「超速読力」について、「超速読」のやり方やトレーニング法、具体的な実践まで細かく記しています。小説や古典を「超速読」する方法も書き記しました。いずれも、私が長年かけて実践してきた方法です。

この本を一冊読み終わるころには、間違いなくみなさんの読む速度はアップしているはずです。ぜひこの本を、みなさんの人生に役立たせていただければ幸いです。

本書を読む前に

「超速読」というと、猛スピードで活字を目で追っていくことだと誤解する人がいますが、そうではありません。中身を理解して、コメントを言う。「読む行為」と「コメントを言う」行為をセットにする。それが「超速読力」の基本になります。

「超速読力」をどういうところで活用するか、具体例を示しましょう。

先日、私は佐賀県の偉人について語るという講演を頼まれました。佐賀県の資料館の学芸員の方も来るような専門的な講演でした。佐賀出身でも何でもない私になぜ？　という疑問はさておいて、佐賀県について詳しい方々を相手に語るという、ハードルの高い講演を引き受けてしまったわけです。

もちろん私も、佐賀についてまったくノー知識だったわけではありません。以前、幕末に関する本を書いたことがあって、佐賀出身の七賢人のことは知っていました。しかしさすがに詳しく知らない偉人もいます。

そこで即座に関連する書籍を手に入れて、ひと晩のうちに一〇冊読破してしまいました。

［「超速読力」は見た瞬間に理解できる力］

瞬間的に読む力 ＋ **読んだ内容についてコメントを言う力** ＝ **超速読力**

‖ **読む**

‖ **コメントする**

これぞ「超速読」です。さすがに、みなさんはひと晩で一〇冊読まなければならない事態に追い込まれることは少ないかもしれませんが、現代は大量の情報を短い時間でこなして報告をしなければいけない機会はたくさんあります。

かつて日本の寺子屋で行われていたように、素読と復唱をくり返し、身体に深くしみ込むように身につける読み方をしていては間に合いません。私は『声に出して読みたい日本語』（草思社文庫）という本を出しているくらいですから、素読をおおいに推奨しています。

しかし今は、それだけでは情報処理能力という点で足りなくなっているのです。**大量の情報をざーっと流し込んで、それに対してコメントが言える能力、すなわち「超速読力」という新しい力が必要です。**

この本では現代社会に求められる「超速読力」をい

かにして身につけるか、「超速読力」の鍛え方について具体的に述べていきます。

しかしぱっと見ただけで内容を理解して、コメントまで言える能力が簡単に身につくものでしょうか。私が「超速読力」の話をしたとき、「それは超能力ですか？」と真面目な顔で質問した人がいました。

「パッと見ただけで中身が理解できるんなら、こんなに苦労しないよ。ふつうの人が身につけるのは無理なんじゃないの」というわけです。

でも実は**「超速読力」は誰でも簡単にすぐ身について、上達も早いものです。**おそらく私が「超速読塾」をやらせていただけたら、みなさんは一時間の受講だけで、その力が身につくだろうと思います。その根拠のひとつは、

① 私たちが漢字とかな文字が交ざった文化を持っているから

です。これが英語ですと、すべてアルファベットで書かれていて、アルファベットは記号ですから、意味に変換するのに少し時間がかかります。

でも漢字はそれ自体に意味を持つ象形文字もたくさんありますし、漢字を形として覚え

ているので、瞬時に意味として理解しやすいのです。

たとえば「幸」でしたら、漢字自体が「幸福」という顔をしてそこに並んでいます。私たちは「不幸」という漢字を見て、ニコニコすることはないでしょう。「幸」には幸福の色が、「不幸」には不幸の色が付いている感じがします。

同様に「信」と「疑」だったら、見ただけで受け取る感情が違います。「みる」という漢字でも、「看る」だったら看護師さんが丁寧に看る感じ、「診る」だったら、お医者さんが診察する感じがします。

漢字の一文字一文字について、その主張を感情的に色付けして受け取っているのです。

さらに漢字が熟語になると、意味はもっと鮮明になります。主張を持っていると言ってもいいでしょう。

「隠匿」という熟語を見れば、「何か隠しているな！」というイメージがわきますし、「解放する」とあれば、解き放たれた感じがします。また囚人を「解放」するのと、公園を「開放」するのとでは受け取るイメージが違います。

これがかな文字だけだったら、「しゅうじんをかいほうする」と「こうえんをかいほうする」という表記になり、意味を理解するには少し時間がかかるでしょう。

［日本語は「超速読」に適している］

①笑う門には福来たる。

➡表意文字である漢字がパッと目に入ってくるので、
意味がわかりやすい

②わらうかどにはふくきたる。

➡かな文字だけだと、意味がわかりにくい

③Good fortune and happiness will come to the home of those who smile.

➡アルファベットは表音文字なので、
パッと見ただけでは意味がわかりにくい

漢字自体にイメージがある

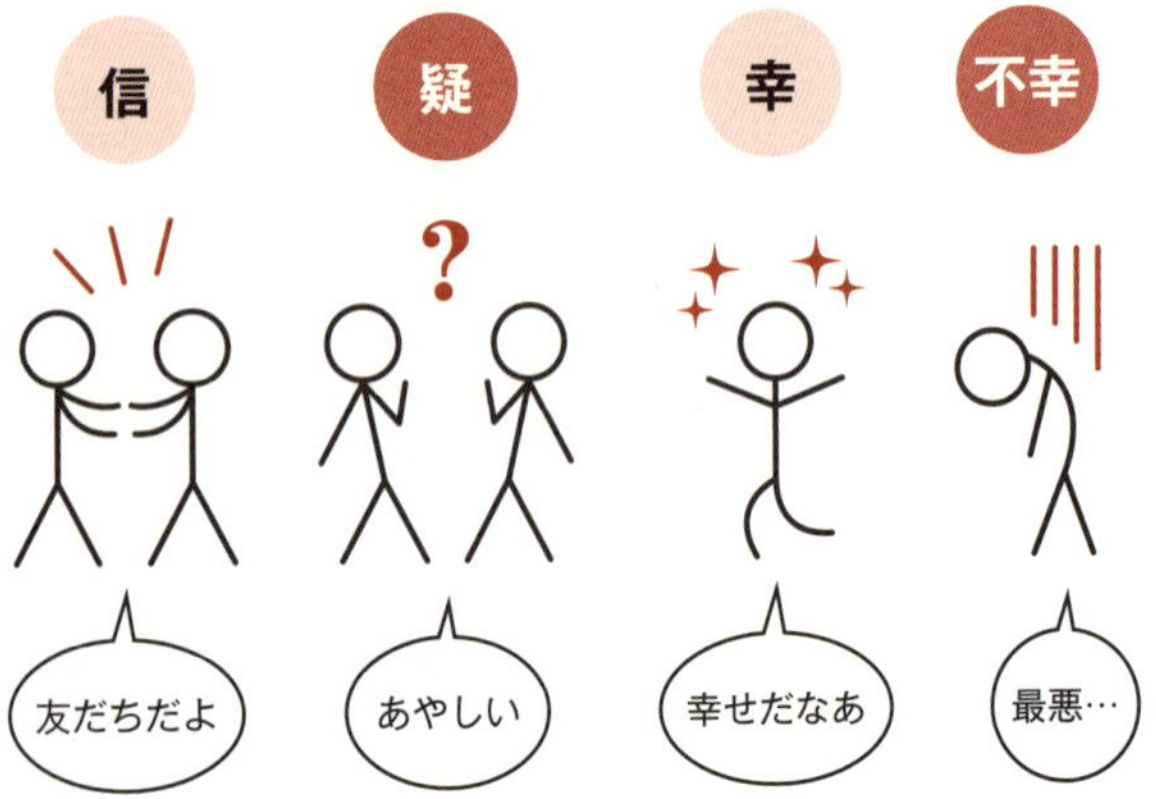

私たちは「漢字かな交じり文」という独特の文化を持っているので、パッと見ただけで、その意味をつかむことができます。そういう大きなアドバンテージを持っているのです。外国人が見たら、漢字はただの記号か図形にしか見えませんが、私たちには意味を持つものとして目に飛び込んできます。このアドバンテージを活かさない手はありません。

次に「超速読力」がすぐ身について、上達が早いというふたつ目の根拠、それは、

② 私たちはその能力があるのに、使ったことがないから

です。私たちは学校教育の中で、あまり「超速読」の要求をされたことがありません。ましてやその訓練も受けていません。でも本当は試験のとき、要求されていたのです。

制限時間内に試験を終えなければいけないとき、長文問題が最後に残ってしまい、点数配分が大きいのにほとんど読まずに放り投げた、という人もいるでしょう。あのとき、ちゃんと「超速読力」を鍛えていれば、長文問題まで解けたのです。

意識して使ったことがない能力は伸びません。でも逆に言えば、使ったことがないからこそ、練習すれば急速に伸びます。自転車は練習すれば誰でも乗れるようになります。個人の能力は関係ありません。でも、練習したことがなくて乗れない人から見ると、「すご

い超能力だな！」ということになります。

「超速読力」は今まで私たちが鍛えたことがない能力ですから、練習すれば誰でも伸びるというありがたい能力です。これを鍛えない理由が私にはわかりません。本書にはそのやり方や鍛え方が具体的に記してあります。

本書を読み終わるころには、みなさんは間違いなく「超速読力」の達人になっていることでしょう。なぜなら、みなさんは今だかつて一度もその能力を本格的に鍛えたことがないのですから。

第一章

「超速読力」を身につける基礎準備〜心構え

尺取り虫のように一行ずつ読んでいく呪縛から、自分を開放するためのマインドセットについて学びます。

1　目に入った獲物は何でもいいからつかまえろ！

第一章では、どうやったら「超速読力」が身につくのか、その基礎である心構えからスタートしたいと思います。

最初に断っておきますが、「超速読力」とは情報処理能力であって、文学や芸術を鑑賞したり、味わったりするための力ではありません。

実は小説でさえ「超速読力」を使って〝処理〟することができますが、「そんな読み方は邪道だ」「間違っている」と怒らないでください。小説や詩をじっくり味わって読むのは娯楽です。私も好きな小説は何度でも同じところをくり返し読み、わざと時間をかけて読みます。それは個人の自由です。

ここでいう「超速読力」とは、「一時間後に芥川賞作品についてコメントを言わなければいけないのに、全然読んでいない！」とか、「会議のとき、いきなり資料を出されてすぐ目を通さなければいけない」とか、「明日までにレポートを提出しなければいけないのに、何も調べていなかった」などというときに、大量の活字を読んで瞬時に理解し、それについてコメントを述べるための「能力」です。

私たちは「読む」というと、最初から一行ずつ一ページずつ、丹念に読んでいく行為を連想します。しかし現代社会では、処理しなければいけない情報量が多いので、そんな悠長なことをしていては間に合いません。そこで「超速読力」の場合は、**最初から順番に読んでいく、という呪縛を捨てることから始めてください。**

従来の「読む」は、言ってみれば農耕型の読書です。

「はじめに」から読んでいき、一ページ目、二ページ目と順番に読んでいって、最後に最終章、「あとがき」を読んで、「終わった」となります。

ちょうど種まきから始まって、毎日丁寧に世話をして、やがて収穫へという「農耕型読書」と言ってもいいでしょう。これは本当に生真面目な人が一行も飛ばさずに、最初から読む読み方です。

「農耕型読書」の場合、先に収穫があって、その後に種まきがあるということはありえないわけで、「はじめに」と「第一章」から始まらないといけません。

こうした固定観念に縛られていると、資料に目を通すときや情報を集めるための読書のさいも、最初から一行も落とさずに順番に読んでいくことになります。すると読み終わるまでにかなりの時間がかかります。たいていは最後まで行き着かないうちに、時間切れになってしまい、肝心の結論がわからないまま、中途半端で終わってしまうことにもなりかねません。それでは読んだ意味がありません。

これに対して「超速読」とは、森に入ったとたん、目に入った獲物をとりあえずつかまえるという「狩猟型読書」と考えてください。大きい獲物でも、小さい獲物でも、何でもいいからとりあえずつかまえる。そうすれば、たとえ短時間で時間を切られても、手ぶらで帰って来ることはありません。

「超速読」では、狩りをするように読むというのがひじょうに大事です。ドイツの哲学者ニーチェは『ツァラトゥストラ』という本の中で、知識について「知を渇望すること、シシがその餌食《えじき》を渇望するがごとくであるか?」（ツァラトゥストラの序説『ツァラトゥストラ上〈ニーチェ全集9〉』吉沢伝三郎訳・ちくま学芸文庫）と書いています。

まずは**猛獣になった気分で、獲物をぱっと瞬間的につかまえるのが「超速読」の感覚です。**

[「農耕型読書」と「狩猟型読書」]

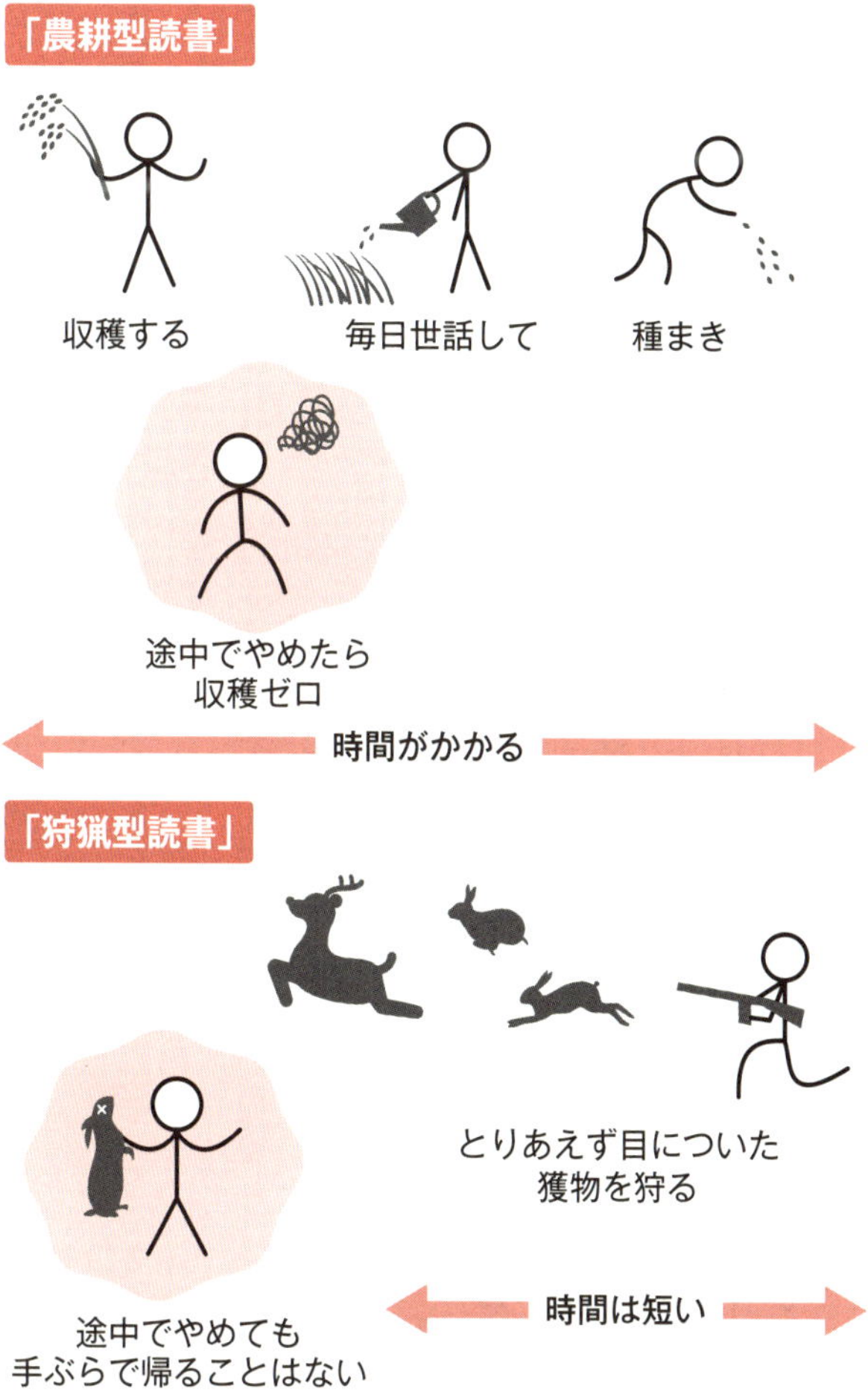
「農耕型読書」
収穫する
毎日世話して
種まき
途中でやめたら
収穫ゼロ
時間がかかる
「狩猟型読書」
とりあえず目についた
獲物を狩る
途中でやめても
手ぶらで帰ることはない
時間は短い

しかしふつうにしていると、なかなか「狩猟型読書」の心構えにはなりません。なぜなら、紙に書かれたものはいつまでたっても逃げないからです。

獲物はぼーっとしていると逃げていってしまいますが、私たちは紙で読むことに慣れているので、どうしても油断が生まれます。

ですから「この紙を見られるのは一五秒だけですよ」と言われたと仮定して、目の前の文字を見るように習慣づけるのです。一五秒後には紙を取り上げられてしまうとしたら、もうそれは狩猟感覚で読むしかないでしょう。

時間に追われて仕事をしている人は、必要に迫られて読む速度が速くなります。でもそういうシビアな環境に置かれていないと、何となく時間は無限にあって書類や本は永続的にずっとそこにあるものと思ってしまう。

それではなかなか「超速読力」は身につきません。ですからわざと「この紙は一五秒でなくなってしまうのだ」という狩猟感覚で読むのです。

私は大学で、学生たちに「超速読力」を鍛える授業をしています。どうやっているのかというと、ストップウォッチで時間をはかって、資料を読み、コメントを言ってもらうのです。

たとえば二〇人くらいの学生がいるとして、各人が宿題のエッセイを書いて持ってきます。それを二〇人分印刷して、全員に配ります。「せーの」で読み始めて、最初のうちは一人分を三〇秒で読んでもらいます。「はい、次。はい、次」という感じで、二〇人分全部に目を通してもらうのです。

何回か授業をやって慣れてきたら、今度は一人分を二〇秒で読んでもらいます。そうやってスピードをあげていくと、Ａ４の紙一枚なら一五秒くらいで読めるまでに速度がアップしていきます。

このとき重要なのは、読んだものに対してコメントを言わなければいけないことです。このコメントが、狩りでいう〝獲物〟です。

手ぶらで帰るのか、ネズミ一匹でもつかまえて帰るのか。原始時代の男みたいなものです。お腹をすかして待っている奥さんと子ども七、八人がいて、「あなた夕飯の獲物、お願いね」と頼まれたのに、手ぶらで帰ってきたら、「手ぶら?! あなた。森に行って、手ぶら?!」と言われてしまいます。

ただ「読みました」「森に行ってきました」だけでは、「超速読力」とは言いません。

読んだ内容を理解して、コメントが言える。〝獲物〟を持ち帰る。

これが「超速読力」の大きな特徴となります。

学生たちは全員がコメントを言わなければいけないので、〝狩猟〟に必死です。限られた時間で、エッセイを二〇人分も読まなければいけないのに、ちゃんと読んでいる時間はありません。でも、コメントは言わなければいけない。A4の この紙一枚の中から、獲物を探し出さなければいけないのです。

「ネズミ一匹でもつかまえるのだ！」、この姿勢が「超速読力」を鍛える心構えになります。

「超速読力」をつける心構え

初めから一行ずつ読んでいく呪縛から自由になろう。

2 「超速読風《ふう》」でいいので、スタイルを身につけよう

私は、かつてはかなりゆっくり本や資料を読むタイプでした。漫画でさえ、ひじょうにゆっくり読んでいました。そのときは、速く読まなければいけない社会的な立場になかったからです。しかし社会に出て、さまざまな場に出るようになると、そんなおっとりしたことは言っていられなくなりました。

たとえば私はいろいろな会議に出るのですが、そういう場では資料を大量に読まなければなりません。そのとき気づいたのは、**ゆっくり読んでいれば正確かというと、必ずしもそうではないということです。**ゆっくり目を通しているように見える人たちが、実はちゃんと読めていないということを発見したのです。

資料が一〇ページあったとすると、どこに重要なことが書いてあるかわかりません。もしかしたら九ページ目に書いてあるかもしれないのに、多くの人は一ページ目か二ページ

目からじっくり読んでいます。

「これが農耕民族の習性というものか」と思うわけです。「そこは森の入り口で、獲物はいないよ！」と叫びたくなります。獲物のいそうな場所から読むのが正解です。

ものにもよりますが、資料や本だと、だいたい真ん中以降、本でしたら「第四章」あたりにけっこう大事なことを持ってくる著者が多いように思います。

ちなみに私は自分の本に関しては、できるだけ「第一章」を読めば全部わかるように書くことが多いのですが、それはなぜかというと、みんな「第一章」から読むからです。

私の本は第一章から読んで、途中の三〇、四〇ページで行き倒れたとしても、大事なことはその三〇、四〇ページまでに書いてあるので大丈夫です。

ところが、だいたいの本や資料は、大事なことが後ろにきます。

「なぜ今このテーマが問題なのか」という問題提起から始まって、第二章で「今まではどのようなことが言われてきたのか」となって、第三章、第四章あたりにおもむろに自分の言いたいことが出てきます。そして「ではどうすればいいのか」という一番重要なことは、最後に書いてあるパターンが多いように思います
この書き方だと、一番重要なことにたどりつく前に行き倒れてしまえば、「ではどうす

ればいいのか」という重要な〝獲物〟を持って帰ることができません。

そうならないための工夫として、**時間がないときは、真ん中あたりから読み始めることをおすすめします。**

渡された資料が一〇ページあったら、六ページあたりからぱっとめくって読んでいく。重要なことはだいたい後半に書いてあるので、たいていのものはそこから読んで大丈夫です。

そして読んだ資料に関しては、必ずコメントを言うことを前提にして、重要そうな言葉を拾っていきます。六ページ目になかったら、七ページ目を見ます。七ページ目になかったら八ページ目を見ます。だいたい三ページめくれば、何か意味のある言葉が見つかります。ひとつも見つからないときは、大した資料ではないと思っていいでしょう。

そして会議で何か言わなければならない場が回ってきたら、「七ページ目のここがですね」と後ろのほうのページから拾って指摘します。みんなはまだ前のほうのページでウロウロしていますから、「もうそんなに読んだのか」「ほほう」と感心されるでしょう。

これは本についても言えます。ドストエフスキーの『カラマーゾフの兄弟』を読んできて、コメントしてください、という課題が出たとします。多くの人のコメントは最初の五〇ページくらいに集中しがちです。

そういうとき「四〇七ページのこの言葉ですけど」と、あえて後ろのほうを指摘するのです。「おおー」と感心され、「ものすごく能力が高い人だ」と評価されます。

お気づきかもしれませんが、これは「超速読力」ではありません。人からは「すごい速さで読めるんだね」と感心されるでしょうが、実は全部読んでいるわけではありません。後半から読んだだけにすぎないので、「超速読〝風《ふう》〟」とでも言うのでしょうか。

でも形から入るやり方もあります。最初のうちは「超速読風」を気取って、みんなから「すごいね」と一目置かれるようになり、このスタイルに慣れていくのも「超速読力」を獲得するひとつの方法だと思います。

「超速読力」をつける心構え

困ったら、後半から読んで乗り切れ！

3 断捨離することを恐れるな！

獲物を狩るという視点で文章を見ていくと、それほど獲物はたくさんいるわけではありません。すべての文章に意味があるという例は少ないのです。

私が接してきた中では『論語』『聖書』『ツァラトゥストラ』などは、どの文章を引用しても「素晴らしい！」というような名言がちりばめられているのですが、多くの本は説明的です。ひとつひとつの文章が重要なのではなく、全体としてこういうことが言いたいんだよ、という説明がほとんどと言っていいでしょう。

つまり「何がどうした」という結論さえわかれば、その他の説明文はいりません。いらない文章を飛ばす勇気が必要です。

一時期、大切でないものを捨てる「断捨離」という言葉が流行りました。「超速読」するさいも、この概念を導入するとわかりやすいと思います。

「断捨離」はなかなか面白い言葉です。ちょっと仏教的な匂いもあって、それを捨てるとスッキリして、無の境地に近づくような絶妙なネーミングだと思います。「超速読」も「断捨離読み」だと思うと抵抗感が薄れるのではないでしょうか。

本当に必要なものは限られているのですから、いらないと思ったらさっさと捨てていく。だいたい**九割は捨てると思っていれば、読みとばす速度も速くなります。**

パッと見開きでページを開いて、このうち九割はいらない文章だと思えば、最初の一行目から丁寧に読む人はいないでしょう。魚がいない水の中に手をつっこんで、丁寧に探るとしたら、馬鹿げています。見開き全体を見て、魚がいそうなところだけに注目して、探してみます。

最初は見落としがあるようで、読みとばすのがこわいかもしれませんが、「九割はいらない文章なのだ」「断捨離が大切」と言い聞かせておくと、罪悪感なく飛ばして読めるようになります。

「超速読力」をつける心構え

文章の九割はいらない、と割り切ろう。

4 捨てるのがこわければ、ときめくものだけ残そう

九割も断捨離するのがこわい人は、『人生がときめく片づけの魔法　改訂版』（近藤麻理恵・河出書房新社）という本のやり方も参考になります。この本は日本だけでなく、アメリカやヨーロッパでもベストセラーになっています。

この本の面白さは、**物を捨てるかどうか迷ったとき、それを手に持って、ときめくか、ときめかないかで判断するところにあります。**

私たちは「いつか使うかもしれない」とか「まだ使えるから」とか「もったいない」という基準で物をとっておきがちです。しかし、それでは物がたまる一方です。そうではなく、ときめくか、ときめかないかだけで判断して、たまった物を整理し、片づけを解決していくやり方です。

私は物を捨てられないタイプで、とくに本はどんどん増えてしまいます。本だらけにな

った家を一〇年くらい放置して、とうとう家にあるものを業者に全部持っていってもらったという苦い経験があります。

本当は一冊一冊セレクトして、必要な本は持っていこうと思ったのですが、結局それができずにまとめて業者さんに持っていってもらいました。

一〇年読まなければ捨ててもいい本と言えなくもありませんから、あながち私がやったことは間違いだったとは思いませんが、本当はそうなる前に、きちんと整理しておくべきでした。

家ごと本を処分するというのは、ふつうの人がやることではなかったな、と今は反省しています。

とにかく、ときめくか、ときめかないかで判断するのは、「捨てる」ことに抵抗がある人でも、とっつきやすいのではないでしょうか。

「超速読」するさいには、ポイントとなる箇所や気が利いたコメントになりそうなところを〝獲物〟として持ち帰るわけですが、初心者がいきなり森に入って、大物を仕留めるのは難しいと思います。

第一、どれが〝獲物〟で、どれが〝獲物〟でないかさえわからない。そういうときは、

[ときめくものを拾っていこう]

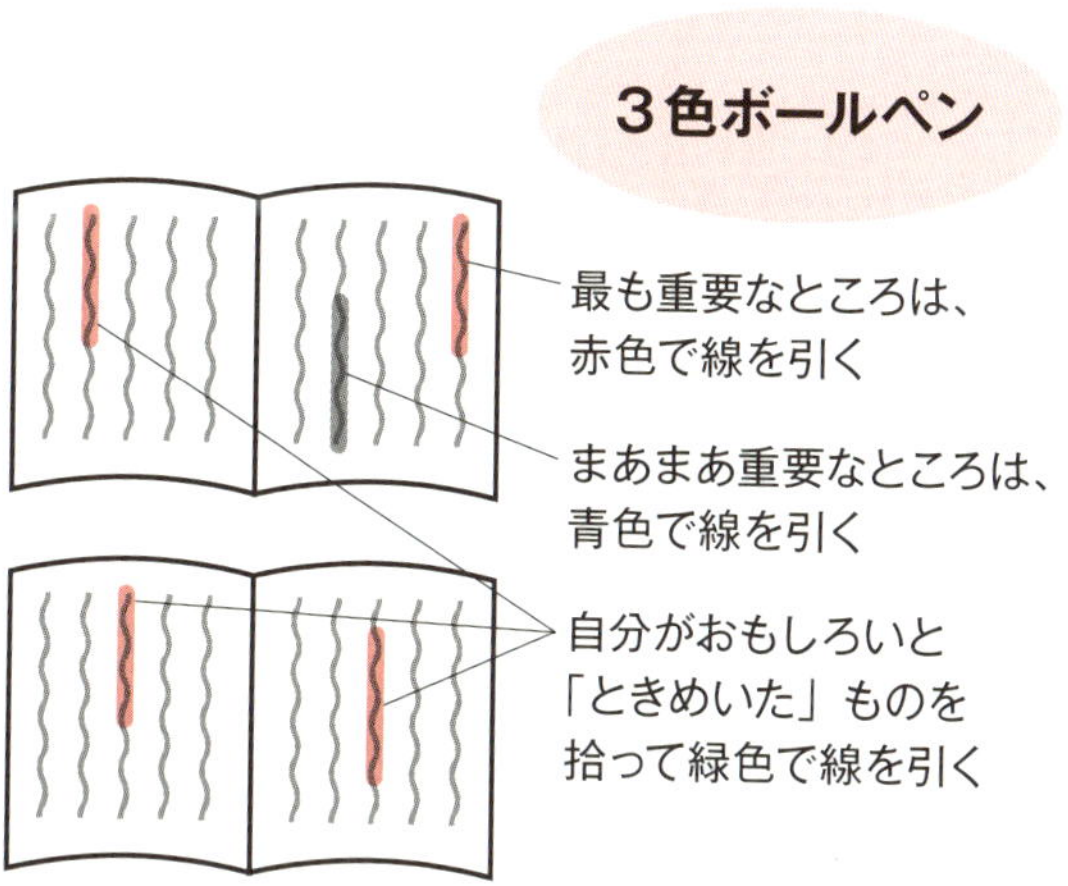
3色ボールペン
最も重要なところは、
赤色で線を引く
まあまあ重要なところは、
青色で線を引く
自分がおもしろいと
「ときめいた」ものを
拾って緑色で線を引く

文章を読んで「おっ」とときめくものを拾ってくるのでいいのです。

私は、三色ボールペンで線を引きながら本を読むことを推奨しています。三色のうち赤は「もっとも重要なところ」、青は「そこそこ重要なところ」、緑は「個人的に面白かったり、興味をひかれたりしたところ」です。

ときめくところ、というのは、緑色で線を引く場所です。どんどん読みとばしていっても、**ときめくものを拾ってくれれば、何か〝獲物〟は持ち帰れるわけです。**最初のうちはとんでもないものを持ち帰るかもしれません。

「あなた、森に行って、花をつんで帰って

きたの?!　信じられない！」と怒られるかもしれませんが、「とにかく〝獲物〟を持ち帰る」を至上命令として、九割の文章は断捨離し、ときめくものだけを持ち帰る。それくらいアバウトな気構えで望めば、「超速読力」は磨かれていくでしょう。

それにときめくものを持ち帰れば、少なくともそれに対してコメントを言うことができます。自分がときめいたものについてなら、コメントも言いやすいでしょう。

たとえそれがポイントをはずした少しとんちんかんなコメントであっても、何も言えないよりはましです。

もしかしたら「君、それおもしろい観点だね」とほめられるかもしれません。

「超速読力」をつける心構え

どこが重要かわからないときは、ときめくものを持ち帰ろう。

5　会議ではつねに自分の意見を言うことを意識する

「超速読力」の大きな特徴は速く読むだけでなく、読んだことに対してコメントを言うことにあります。このコメントが〝獲物〟です。

社会人の方は会議に出る機会もあると思いますが、「資料に目を通してください」「はい、読みました」「終了」という会議はいい会議ではありません。なぜ資料に目を通すのかといったら、何かコメントを言うためです。

その資料を見て「君はどう思うのか？」「あなたの意見を言ってください」と言われたときに、あてずっぽうの思いつきの意見ではなく、その資料にもとづいた意見が言えるのがポイントです。

意見が言えないとしたら、それは何も頭を使っていないのと同じです。会議に出席している以上、「超速読力」をもって資料に目を通し、それにコメントをつけることができた

[会議には必ず“獲物”のお土産が必要]

会議にはコメントを言うために出席している
資料に基づいてコメントが言えないのなら、
そこにいる価値はない

状態で、初めて役割を果たせたと言えます。

会議に対して生産的であるというのは、コメントを言えることです。「何かご意見は？」と言われて「しーん」としている人には、責任感がありません。その人は、そこにいる価値がないことになります。

要するに〝獲物〟がなくて、手ぶらで出席したのと同じです。会議では、みんなが〝獲物〟を待っています。そこで意見がないとなると、「手ぶらかよ?!」ということになります。

現存するアフリカのある部族では、ひとつでも獲物がとれると、それを部族全員で均等に分けるそうです。会議における意見は自分がもたらす部族への〝獲物〟であると考えると、それを持ち帰る「当事者意識」が重要です。

私は学生の将来をつねにおもんばかっているので、これから社会に出たとき、会議で何も発言できない社会人になってほしくないと思い、授業でも「超速読力」を一生懸命トレーニングしているのです。

そもそも日本人の場合、人と対立することを避ける傾向があるように思います。そのため自分の意見を誰かに主張することはあまりしませんし、もっと言うと、意見を言おうという前提が欠けているのではないかと思います。

一人ずつ順番に当てていくと、日本人は案外ちゃんとコメントを言います。それは順番が回ってくることがわかっているので、自分の順番を数えて、コメントを用意しておくからです。

でも、いきなりあてられると「うっ」とつまってしまいます。もしそれがテレビの討論の場で「意見はどうですか」と言われて、「あ、すいません。まだちょっと考えていませんでした」と言ったら、二度と呼ばれないでしょう。

だから、**資料や本を読むときは、そのあとテレビに出て意見を言うのだと思っておくといいと思います。**テレビでは答えるまでの時間は〇・五秒くらい。長くても一秒です。

それもいきなりふられますから、つねにコメントを用意しながら、その席にのぞんでいます。

テレビでコメンテーターの席に座っていると仮定して、コメントを用意しながら読むくせをつけると、当事者意識のトレーニングになります。

その場合、読んでからコメントを考えるのではありません。読みながらコメントを考えていく。〝獲物〟をとっていくわけです。

これは余談ですが、人間の脳はもともと狩猟のためにできていたのではないかとも言われています。その証拠に、私たちが農耕を始めたのは、比較的最近です。

現生人類だけとってみると、一〇万年から二〇万年前にアフリカから発祥したと言われています。

農耕を始めたのはここ何千年かですから、それほど古くありません。日本人は農耕民族だと言われていますが、おもにやってきたのは狩猟や採集であったと考えると、脳はまだ狩猟生活に適応した状態になっていると考えてもおかしくないのです。

ですから、読みながらコメントになりそうな〝獲物〟をとってくるのは、それほど難しいことではありません。私たちの脳は、獲物をとる狩猟用につくられているのです。脳本来の機能を信じましょう。

読み終わったら、必ずコメントを言うのだという設定にしておくことが、読むことの推進力にもなります。

「超速読力」をつける心構え

テレビのコメンテーターになったつもりで、つねにコメントを用意しながら読むくせをつけよう。

6　瞬間的に判断できる〝瞬殺者〟の勘を磨こう！

「狩猟型読書」を始めても、最初のうちはしょぼい〝獲物〟しか見つけられないでしょう。しかしそこで、「獲物をつかまえたのだ」と満足してしまうと「超速読力」は磨かれません。

最終目標は大物が仕留められる狩人をめざすことですから、〝獲物〟がとれるようになったら、そこで満足せず、その精度を増していかなければ「超速読力」が身についたとは言えないのです。

何年も年月をかけて、大物を射止めるのではありません。**瞬間的に大物を見つけて仕留める〝瞬殺者〟になるのが、この本の目的です。**

ちょうどミカンの目利きと同じです。箱にミカンがいっぱい入っている。「甘いのを三つ選んでください」と言うと、おそらく静岡県民なら、ほとんどの人が「これとこれとこれ」と即座に三つ、甘いミカンを選ぶでしょう。これが「超速読力」です。

私も小さいころから一日二〇～三〇個、ミカンを食べて手も足の裏も黄色くなりましたが、そうやって大量のミカンを食べてきたので、どれが甘いミカンか瞬間的に選べます。本や資料を目にしたときも、どこが甘いミカンか瞬間的に見抜く〝瞬殺者〟を目指してほしいのです。

簡単に言うと、ページを開いたとき、「ここには獲物はいない」「いそうなのはもっと後ろ」などと判断する嗅覚です。嗅覚は、経験値による勘によってつくられます。

静岡県民が大量のミカンを食べてミカンの目利きになれたように、「獲物がいるのはここだ」と瞬間的に判断できるようになるには、ある程度の量を読み、勘を磨くことが必要でしょう。

初心者の場合は経験値が足りませんが、それでも大丈夫です。冒頭にもふれたように、私たちは毎日大量の活字に接しています。

〝瞬殺力〟を養う機会は豊富にあるわけです。**何を見るときも、「絶対に獲物をとろう」という姿勢でのぞめば、〝獲物〟をとる経験値が高まります。**〝獲物〟をとろうとしていないから勘が磨かれないだけです。

〝瞬殺者〟になることをめざして、何かを狩ろうと必死の覚悟で森に入る。SNSやスマホの情報からでも、その気になれば〝獲物〟を探すことができます。要するに、「この文章のおいしいところはどこだ?」とつねにハンティングする気持ちです。

その経験を積んでいけば、静岡県民のように必ず〝瞬殺〟で甘いミカンが選べる目利きになれます。

「超速読力」をつける心構え

「絶対に獲物をとる」という姿勢で活字に接しよう。

第二章

「超速読」のやり方～資料を読む

会議で渡される報告書やレポートを書く材料など資料を短時間でパッと読み、意見を言えるようになる方法について解説します。

1　数字の変化に注目する

この章では、いよいよ「超速読」のやり方について解説します。最初は、資料を「超速読」する方法です。

資料を「超速読」するポイントは、文章の飛ばしどころを見つけることです。「このへんに大事なことが書いてありそうだ」と見つけて、そこまでポンと文章を飛ばして読むことです。でも、「どこが大事かわからないから、困っているんじゃないか」という声が聞こえてきそうです。そういうとき、おすすめなのは、数字の変化に注目することです。

分厚い資料を渡されたとき、ページをめくったら、表やグラフに注目します。そして**何かコメントを言わなければいけないときは、数字の変化について意見を言うと、ほとんど間違いがありません。**

文章というのはあれこれいろいろなことが書かれていて、読み取るのに時間がかかります。しかし表やグラフはパっと見てすぐにわかります。

私は数字の変化に注目して、「これからこれへの変化」と気づいたところにさっと赤丸をつけていきます。赤いボールペンでチェックしなければ、表やグラフは読み取れるようにならないのではないか、と思います。なぜかというと、数字は表になるとごちゃごちゃするからです。

何も印をつけずに数字だけ見ていると、目が疲れます。ですから自分が注目している項目の数字を三箇所くらい赤で丸をしておいて、矢印で「これがこれ」「これがあれ」というふうに変化したところに印をつけておきます。

こうすれば、何％変化したかという計算もすぐできます。そして自分の意見を言うときは「何年から何年の変化はマイナス何％でした。それについてはおそらくこれこれの影響があったと思われますので、こうしたほうがいいのではないかというのが対策です」と、変化をあげて言えば具体的な数字に基づいて話しているので、ひじょうに説得力が出ます。

私もそうですが、文系出身の方は、グラフや統計など数字を見たときに何となく遠ざけてしまう人もいます。しかしそういう人こそ、数字に注目すると、資料でも本でも新聞でも速く読めるのではないでしょうか。

たとえば、大学生で一カ月に一冊も本を読まない人のパーセンテージが昨年は四九％だったが、今年は五〇％を超えたというような記事があったとします（第53回学生生活実態調査の概要報告）。記事には、解説や問題提起や識者の意見などがいろいろ載っているかもしれません。

でもそういうところは飛ばして、数字と変化だけを記憶しておく。すると「大学生の五〇％は一カ月に一回も本を読まない」という事実が鮮明に記憶されて、読んだ意味がはっきりします。

人に話すときも、その数字だけ記憶しておけばいいわけです。背景や問題点は推測にすぎません。重要なのは結果、すなわち「何がどうした」という事実だけ。

数字や数字の変化に注意しておくと、そこを早くつかんで、コメントに変えることができます。〝獲物〟でいえば、大きな〝獲物〟がつかまえられる、ということです。

資料を「超速読」するやり方

赤いボールペンで数字を囲う。数字の変化を拾っていくと、速く読めるし、説得力が高いコメントが言える。

［数字の変化に注目する］

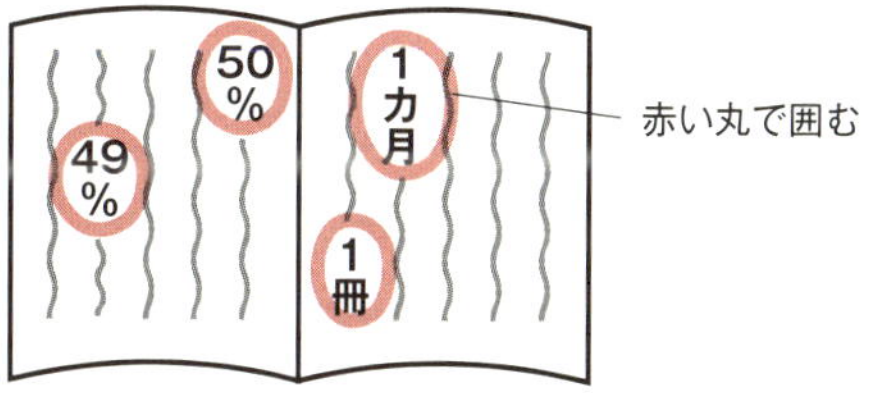

途中の文章は読み飛ばして、数字が書いてある前後を拾う

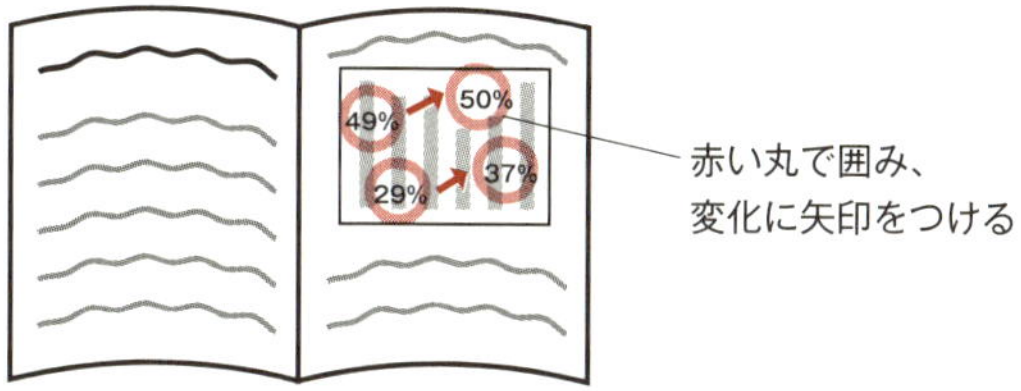

表やグラフがあったら、注目する項目に赤い丸をして、
変化したところに矢印を書いておく

具体的な数字をあげてコメントすると、説得力が増す

2　最後から読め。逆走せよ！

日本人の悪いくせは、何でも最初から丁寧に読もうとすることです。私は教師として三〇年以上、生徒や学生を教えてきましたが、「なぜ制限時間三分と言っているのに、最初の一ページ目から読むのだ！」と叫び出したくなることがあります。毎年ぼうだいな数の学生を教えていますが、みなことごとく最初の一ページ目から読み出します。そろそろ、情報収集のための読書や資料は、「最初から読む」という習慣を改めたほうがいいと思います。

生真面目なのが日本人の美点ではあります。しかしそれは〝真面目風〟であって、本当の真面目ではないと私は思います。なぜなら制限時間内に資料が全部読めないのは、不真面目かつ不誠実だと思うからです。一番大事なことが後半に書いてあって、そこに目を通さないというのは、不真面目そのものです。全部をこなすのが仕事というのなら、最初のほうしか読んでいないのは、真面目でも何でもなく、ただの段取りの悪い人でしかありません。

私は自分が教えている学生たちには「とにかく最初の一ページ目から読むのをやめよう。途中から読め。いや最後から読め。逆走しろ！」とはっぱをかけています。高速道路の逆走はたいへん危険ですが、**資料を読むとき最後から逆算する読み方は、ときとしてひじょうに短時間で全体を理解するのにとても役立ちます。**

たとえば、数学の証明問題を例にとりましょう。証明問題は、まず仮定があって、第二段階、第三段階、段四段階と段階をへて、ようやく結論にたどりつきます。しかし私の場合、問題を解くときはそういうやり方をしません。結論がわかっていたら、逆算して仮定に近づけていきます。つまり逆走です。

私は中学校のテストのとき、証明問題といえば、必ず結論から逆走するという方法で解いていました。そのほうが仮定から順番に解いていくより、全然早いのです。

文章についても、同じことが言えます。後ろから読むと早いのです。これは映画に置き換えてみると、ひじょうによくわかります。映画『タイタニック』を見るときに、ラストのディカプリオが氷の海に沈んでいくところから始まり、この二人がくっつくのだなと思

[最後から読め！　逆走せよ！]

『タイタニック』を最後から見ると

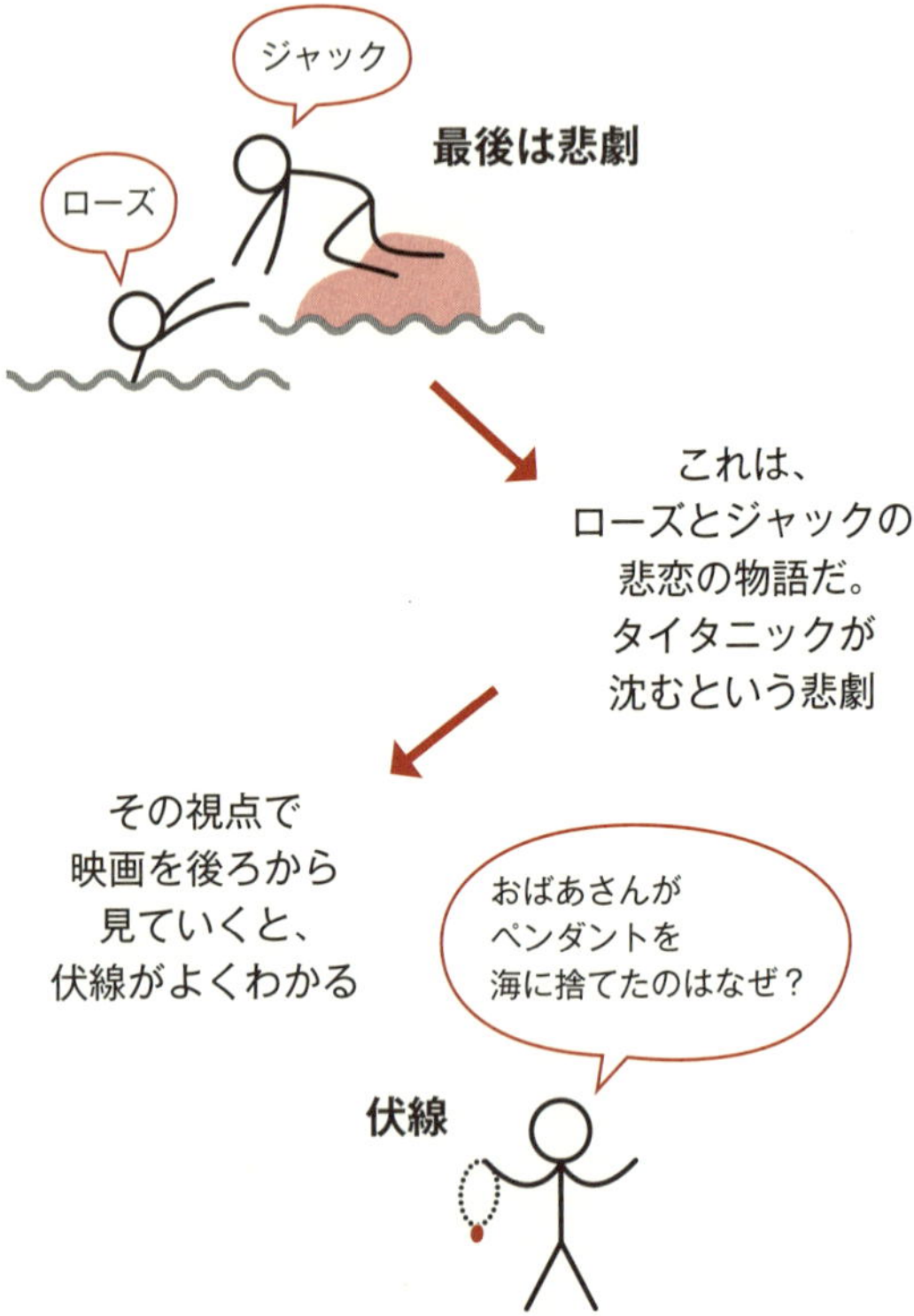

先に結論を知っていると、理解が早い

って巻き戻して見ていると、冒頭に出会いがあります。「ああ、なるほどね」と思います。そして最初から高速で見直すと、すべてが身も蓋もなくわかります。

これを結論がわからずに、最初から見たとすると、「どうなるんだろう」という気持ちで筋を追っていくので、誰と誰がくっつくのか、ハッピーエンドになるかどうかもわかりません。伏線の意味もわからず、見逃してしまいます。でも逆走すると、「結局こうなるんだから、ここはその伏線か」と映画のディテールもよくわかります。すべてがそこに向かって収束していくのが、はっきりつかめるのです。

このような見方を映画でやるのは邪道ですが、情報系の資料の場合は、このやり方が正解です。というのも、**日本語の資料や多くの本の場合、大事な部分や結論はたいてい最後のほうにあるからです。**

論文で多いのですが、いきなり自説を展開するのを嫌うお偉方が少なくなかったという事情も影響していたのかもしれません。「先行研究はおさえてあるのかね」と言われるので、先行研究だけで三分の一くらいを占めている論文もたくさんあります。これだと読むほうもひじょうに退屈して、途中で嫌になってしまいます。「何がどうした」というオリジナリティを聞きたいのに、そこまでたどりつくのがひと苦労です。

一方、英語の論文だと必ず最初に要約（summary）が書かれています。そして、結論（in conclusion）まで書いておくのが作法です。私たちもそろそろ英語圏のやり方に習って、もったいぶって結論を最後にもってくるのはやめようではありませんか。

読んだ人が「超速読」できるように、「何がどうした」を最初にもってくるようにしてはどうでしょうか。ともかく、日本の文章はほとんどが後半か最後に重要な部分があることが多いので、後ろから読んでいく方法は「超速読」としては、とても有効です。

資料を「超速読」するやり方

最後の結論を読み、後ろから読み進んでいくと、その結論に向けてどう収束していくかがわかりやすい。

3　資料の「肝《きも》」を見つける

一番最後から〝逆走〟して読むやり方は、結論が最後に書いてあれば、ひじょうに効果的です。でもあらゆる本、資料の結論が最後にあるとは限りません。最後を見て結論が書かれていなかった場合、どこがこの本もしくは資料の「肝」になるのか、重要な部分を見つけることが必要になります。

忘れてはいけないことは、**どんな文章でも必ず何かしらの目的を持って書かれている**ということです。

つくった人は自分の目的やオリジナリティを伝えたい。あるいはこういう結論に持っていきたいからこの資料をつくった、ということもあるでしょう。

ですから核心部分に近づくと、文章が盛り上がってきます。つくった人の熱量が伝わってくるような部分です。そこを見つけるのです。

「それがわからないから、困っているんじゃないか」と言われてしまいそうですが、その場合は資料の真ん中から後半あたりに注目してください。それっぽいところを探すと、たいてい何かが見つかります。

論文やエッセイでは書き手の立場性を理解しておくと、「肝」が見つけやすくなります。たとえば左翼の立場なら、自由競争や資本主義は嫌いでしょうから、それを踏まえて読んでいくと、理解しやすくなります。

合理的な人は感情論はさけるでしょうし、反対に直感や感覚を重んじる人もいます。「ああこれが言いたくて、繰り返し書いていたんですね」と、必要な部分と必ずしもなくてもいい部分がわかってきます。またどの論文にも作者のアイデアというか、インスピレーションが必ずあって（落語で言えばオチみたいなものです）、それを解説するためにその論文が書かれているはずです。

たいていは、そのアイデアに持っていくための舞台設定を最初のほうで工夫します。ですから、出だしはちょっともたつきます。

読むときは、もたつく部分は飛ばして、サクサクとオチを探していきましょう。実はこの読み方は小説にも応用できます。感覚としていちばん輝く場面にオチが隠れていることが多いので、何だか場面が盛り上がってきたな、と思ったらその周辺を読んでいくといいでしょう。

もちろんこれは文学の読み方としては〝邪道〟ですから、あくまで情報収集のための読み方と思ってください。

資料を「超速読」するやり方

もたつく冒頭は飛ばして、盛り上がってくる場面でオチを探す。

4　あら探しの反対をやろう

資料は読み方によって見つけるものが違ってきます。自分はこれからAさんの味方をするのか反対するのか、AさんとBさんのどちらに賛成するのか。賛成のネタを探すのか、反対のネタ、つまりあら探しをするのか、ということです。

しかし私は反対する場合でも、個人的にあら探しはしないという考え方です。いいものだけを探して言うだけでも、反対意見はちゃんと伝わるし、人生は豊かになると気がついたからです。学生の発表についても、いっさいあら探しはしません。悪いところを言い出したらきりがないのですが、丁寧に肯定しながら、徐々にいいほうに導いていったほうが結果的に教育効果が高いのです。

世の中にはあら探しの異様にうまい人がいて、資料を見ても、重箱のすみをつつくように、「この漢字の使い方が間違っている」とか「この数字が誤植です」と言い出して、全体の空気を盛り下げてしまうことがあります。

たしかにそこはミスだったかもしれませんが、論点はそこにあるわけではありません。

資料をつくった人が九九％エネルギーをかけたところを読み取るのが、誠実だと思います。

私は三年から四年の歳月をかけて書き上げた力作の論文に対して、些細なミスを指摘されたことがあって、「もういい加減にしてくれ！」と頭を抱えたことがありました。あらを探して指摘しても、誰にも、何もいいことはないのです。

私は、あら探しの能力はポジティブに転用できると思っています。「ここは間違っているぞ」という〝あら〟がパッと目に入ってくる――この能力を、あら探しではないことに使おうということです。

柔道を確立した嘉納《かのう》治《じ》五《ご》郎《ろう》は、「精力善用」という言葉が好きでした。私たちも、あら探しに使っていた精力を善用すればいいのです。

「この資料のいちばんの〝売り〟はどこだろう」「この人がいちばんエネルギーを傾けたのはどこだろう」ということだけを考えながら、読んでいきます。そして「ここがオリジナルな視点ですね」とか「この表をつくるのに、ずいぶんエネルギーを使ったんじゃないですか」と言ってあげると、相手はとても喜びます。

もしそれがわからなければ、つくった人に直接聞いてしまう手もあります。「あなたが、いちばんエネルギーをかけたのはどこですか」と聞いてみて、「ここです」と言われたところだけ読んで、「すごくいいですね。目のつけどころが斬新だし、成功していると思います」というコメントが言えればいいでしょう。相手は自分の努力をわかってもらえたと思うので、正しく励まされたことになります。

このように「超速読」のやり方として、相手がいちばんエネルギーをかけたところに注目して、そこだけ読むというやり方があります。

ここをおさえておくと、「超速読力」の大切な要素であるコメントについても、あげ足とりのコメントではなく、ひじょうに前向きなものになります。人が目をつけないような苦労した点に注目して「ここに苦労があったんですね」と相手に寄り添いながら指摘し、それからそっと修正点をつけ加えると、実は反対意見を述べているのに、相手を傷つけないパーフェクトなコメントになります。

「超速読」はともすれば、「いい加減に読みとばしたな」「ちゃんと読んでないな」と誤解されることがありますので、資料や論文をつくった人がいちばん苦労したところをちゃんと見つけてあげて、ほめコメントを言う点が大切です。

私は、職業的にそれをずっとやってきました。学生が提出したレポートをその場で「超速読」して、感想を言わなければならない場が頻繁にあったわけです。そういうとき、全然的外れなコメントをすると、「やっぱり、ちゃんと読んでないんだ」と思われてしまうので、「ここでしょう？　ポイントは」とエネルギーを注いだ箇所を見つけてあげると、学生はやる気を出します。

会社で管理職の立場にある人は、部下があげてきた報告書を情報として読むのではなく、**レポートを書いた部下の気持ちになって「精力善用」を心がけてください。**たとえ報告書を「超速読」しても、部下をやる気にさせるコメントが言えるでしょう。

資料を「超速読」するやり方

その人がいちばんエネルギーをかけたところはどこかを探す「精力善用」で読むと、理想的なコメントが言える。

コラム 「超速読」できる資料をつくる

重要部分を強調し、小見出しをつけよう

会議やプレゼンで使う資料は、参加者たちがパッと見て、「超速読」できるようなものをつくるべきです。一ページ読むのに一分もかかるような資料では、一〇ページあったら一〇分かかってしまいます。ですから目安としては、一ページ一五秒くらいで理解できるようにつくります。

真面目な人は一行ずつ読もうとしますから、「全部読まなくてもいいですよ」というメッセージを入れておき、大事な部分に赤線を引いたり、数字を大きく書いたり、小見出しを見たら内容がわかるようにしておくのが、親切な資料です。小見出しだけ拾っていけば、全部の中身がわかるようになっているのが理想です。

また、結論は最初にまとめておくのがいいでしょう。詳しい説明はあとからするにしても、「この資料の肝はこれだ」というものを、最初に記しておけば、読むのが遅い人がいても、とりあえず全員が会議についてこられます。資料は会議に出席する人に読んでもらうためにつくるのですから、できるだけ「超速読」しやすいものをこころがけてください。

第三章

「超速読」のやり方～新書、実用書を読む

本を「超速読」するやり方です。新書やビジネス書などの実用書をパッと見ただけで内容を理解し、自分なりのコメントが言えるようになる方法を学びます。

1 「はじめに」、目次、小見出しをパラ見し、線を引きながら読む

この章では新書やビジネス書など、実用的な本を「超速読」する方法を学びます。新書などの本を「超速読」する場合、誰でも簡単にできるやり方は、「はじめに」を最初に読み、次に目次を見て何が書かれているか全体の構成を把握し、本文の小見出しをパラパラ見ていくやり方です。これだけで、本文をちゃんと読まずとも、何となく全体像がわかります。

また本によっては、カバーを折り込んである袖の部分や裏表紙に、解説や要約が書いてあることがあります。これを読めば、本文をまったく読まなくても内容がわかります。

もちろんこれでは〝読んだ〟ことにならないので、いちおう全体像を頭に入れた上で、「超速読」していくことになります。ポイントは、

① あらかじめ頭に入れた全体像から類推される重要箇所に線を引きながら読む。

ということです。

この「線を引く」という行為を嫌がる人が、あまりに多すぎると思います。大学でも本に書き込みをすることを躊躇する学生がいるので、私は「それ、買った本でしょ？　大事なところには線を引こうよ」と手を取らんばかりに線を引かせています。

実は線を引きながら読んだほうが、格段に頭に入りますし、最後までちゃんと読み切れることが多いのです。最初のうちは線を引く重要箇所がすぐにわからなかったり、すべてが重要に思えて、線だらけになることもあるかもしれません。なんでもかんでも線を引いていくと、「超速読」にはならないので、そういうときはとっておきの方法があります。

② 本の後ろに解説があったら、そこに引用されている文章を、本文の中から探して線を引いていく。

本文をサクサク見ながら、「解説文に書いてある三つの引用文はどこにあるかな」と探して線を引いていく。「読む」というより「見る」感覚に近いので、わりと気軽にできるのではないでしょうか。

これならいちおう最後のページまで読み進めますから、〝読んだ感〟があります。人に話すときも、引用文を入れながら、袖や裏表紙に書いてある要約を踏まえて言えば、だいたい用が足せるでしょう。

では解説がなくて引用文がわからないときは、どうしたらいいでしょう。そういうときは、

③ 自分で「おっ」とときめく箇所に線を引いていく。

これでいいのです。最初はとんちんかんな場所に線を引くかもしれませんが、「はじめに」や目次、袖の要約など手がかりがあれば、ある程度のポイントはおさえられるでしょう。**重要なのは、読みながらどんどん線を引いていく習慣づけです。**これさえ身につけておけば、分厚い本をボンと渡されても、自分で線を引きながら、どんどん処理していけるようになります。

［線を引きながら読め！］

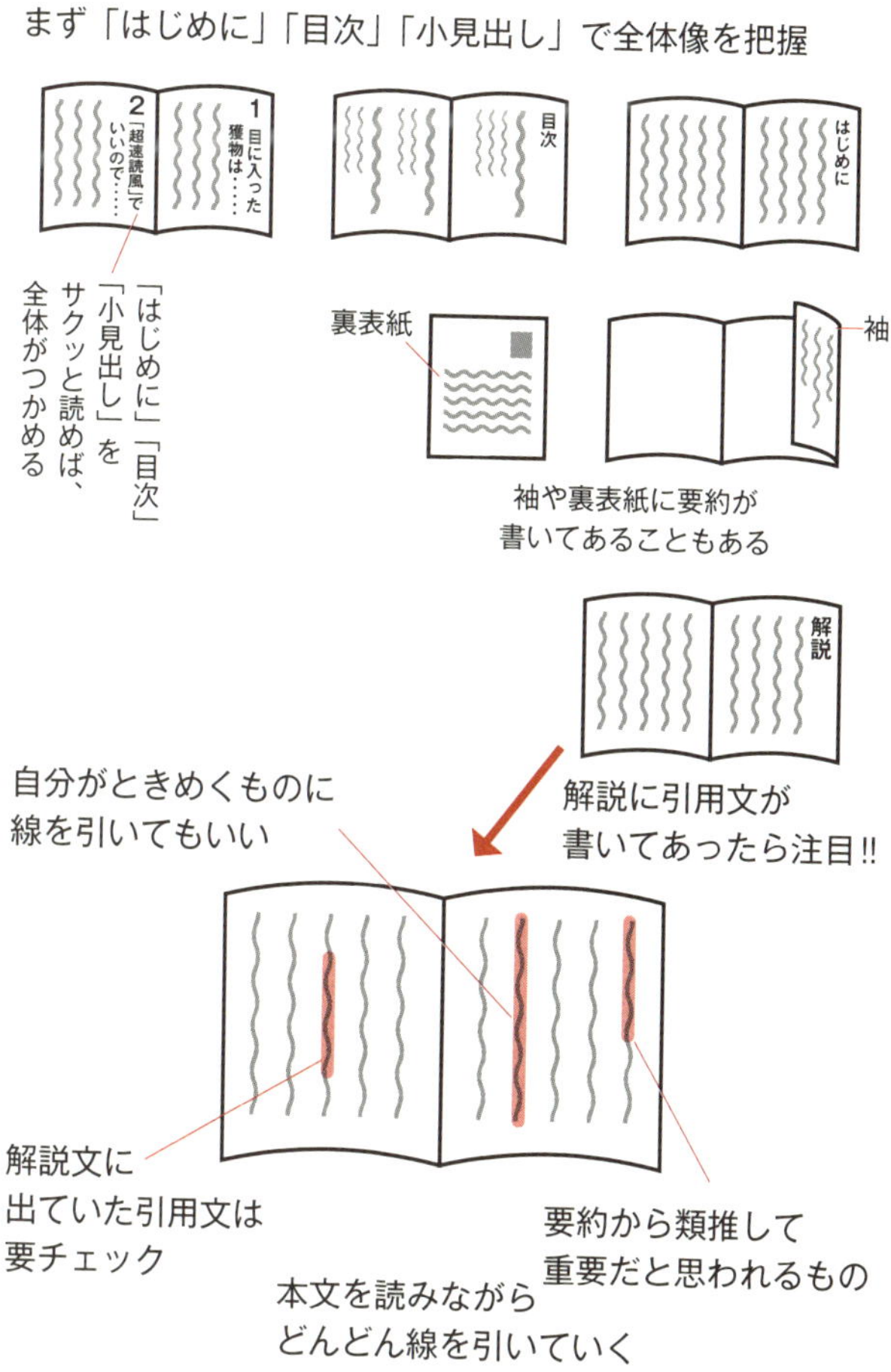
まず「はじめに」「目次」「小見出し」で全体像を把握
2 「超速読風」でいいので……
1 目に入った獲物は……
目次
はじめに
「はじめに」「目次」「小見出し」をサクッと読めば、全体がつかめる
裏表紙
袖
袖や裏表紙に要約が書いてあることもある
解説
解説に引用文が書いてあったら注目!!
自分がときめくものに線を引いてもいい
解説文に出ていた引用文は要チェック
要約から類推して重要だと思われるもの
本文を読みながらどんどん線を引いていく

新書を「超速読」するやり方

解説の引用文に注目して本文に線を引いていく。本にためらわずに線を引く習慣をつけると、「超速読」がやりやすい。

2 「人格読み」で共感すると、理解が早くなる

本を読むときの「超速読力」は著者の人格を理解することと切っても切れない関係にあります。本を書く著者は、だいたいが〝目立ちたがり屋〟です。自分がいかに独自性があって、優れているかを主張したい本能を持っています。とくに新書のような教養書の著者の場合、自分の考えを世に知らしめたい、自分の考えに意味がある、と考えている人がほとんどです。

彼らは、自分の考えを「はじめに」や「おわりに」に必ず書いています。いかに苦労して、このような点を見つけたかとか、ものすごくマニアックなことを書いている人もいます。

私はそういう文章を読むと「なるほどね。この人はこんなに苦労して、一〇年かけてこんなに狭いピンポイントのことを研究していたんだ。人にはなかなか理解されなかったたか

もしれないけれど、この人にとってはすごく重要なことなんだろうな」と思います。

そして彼らに共感するわけです。私自身、研究者ですし、自分の主たる研究テーマである「身体論」については、五年も一〇年もかけて一冊ずつ書いてきたのに、ほとんど誰にも読まれていません。本来の研究テーマでない本は累計一〇〇〇万部を超えているというのに、です。

ですから、研究者の孤独はすごくよくわかります。「このピンポイントのテーマでよく頑張って一〇年も研究したものだ」「学会では無視され続けて、苦節何年だったんだ」とシンパシーを感じます。とくに「あとがき」などを読むと、もう感情が爆発していて、「さぞかし苦労をしたんだろうなあ。わかる、わかる」と共感がこみあげます。

そういう**著者の思いを心情的に理解すると、読みはずしがありません。**著者の感情や価値観をくみとって、根底にあるモチベーションや価値観、どの方向に行こうとしているのかを間違えずにわかってあげる、いわば「共感読み」をすると、理解が早くなるのです。

本の場合、敵対する読み方をしても何もいいことはありません。たんなるあら探しになってしまって、著者の言いたいことにたどり着かない。

私は、あげ足とりばかりする大学の先生を知っています。その人は本の趣旨と全然違う誤読を平気でしてしまうのです。著者の主張と正反対のことを、平気で言ってしまいます。なぜそんなことが起きるのかというと、読者であるはずの自分の価値感が先に立って、虚心坦懐に読めず、どうでもいいところに引っかかってしまうからです。それでは「超速読」ができません。

本を「超速読」したかったら、あら探しやあげ足とりはしない。相手に対して寛容になり、相手に共感する。相手の言いたいことははずさない、という誠意が必要です。

あらを探して持ってきた〝獲物〟はロクなものではありません。「お父さん、それは獲物じゃなくて、木の枝だよ」と言われてしまったら困るわけで、生きた〝獲物〟に当たるのが、著者が言いたいことです。

そこだけははずさないのが「超速読」のポイントです。

私は著者に共感して読む「人格読み」の「超速読」方法を、大学受験で身につけました。入学試験は時間が限られています。与えられた時間内で問題文の趣旨を理解しなければなりません。出会って〝瞬殺〟したいわけです。

そのときに著者の感情、とくに「好き嫌い」が読み取れれば、理解が格段に早くなります。つまり**「人格読み」のポイントは、著者の「好き嫌い」に着目して、いち早くその**

「好き嫌い」に共感するのがコツと言えるのです。

ます。

　たとえば左翼の人が書いている文章なら、左翼の気持ちになって「好き嫌い」に注目します。

「わかる、資本主義は格差を生むからね。正義感のある人は、絶対こういうのが嫌いだよね」「資本主義の始まりは機会の平等と言っているけど、機会はつねに平等じゃないからね。わかる、わかる。それは嫌いだよね」と言いながら読んでいくと間違いがありません。

「好き嫌い」に注目していけば、パッとページをめくったとたんに、その人の訴えが入ってくるようになります。

　私は家庭教師をしていた生徒から、東大入試の国語の問題を初見にもかかわらず、文章を見た瞬間に解説を始めるので驚かれたことがあります。

　ひじょうに特殊な能力の持ち主だと思われていたのですが、勉強を教えているうちに、その生徒にも、文章を書いた人の「これが好き」「これが嫌い」という感情がだんだんわかるようになってきたと言うのです。

　そのうち文章を見た瞬間に、「何となくわかるようになってきました」と言うようになりました。人が考えることには限りがありますから、好きなものと嫌いなものはだいたい

[著者の好き嫌いの感情に注目する]

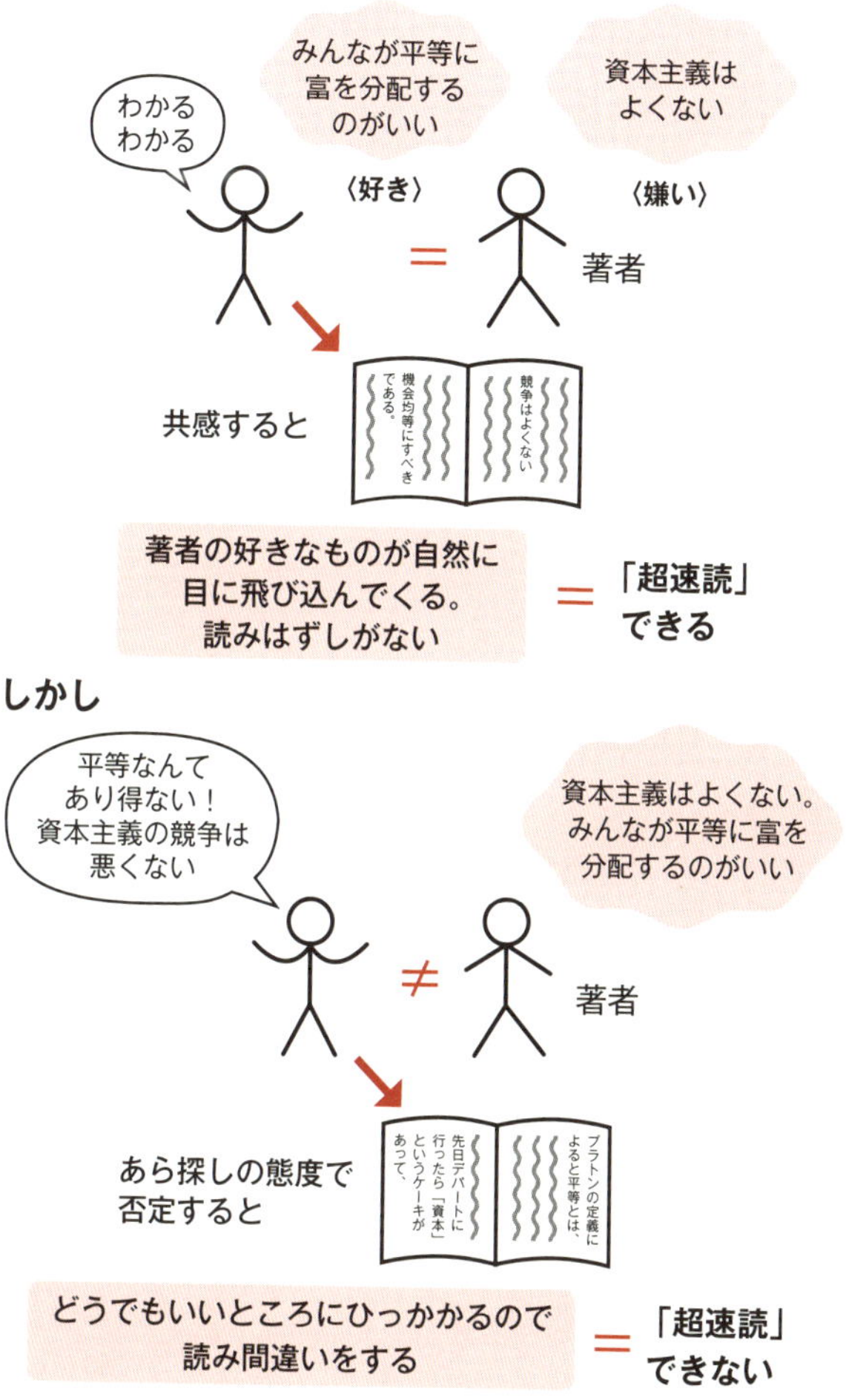

想像がつきます。

　立場もAかBのふたつにひとつ、せいぜいCがあるとしても折衷案という感じですから、感情の好き嫌いに注目しておくと、著者の人格理解が早くなって、初見の文章でも「瞬殺」できるようになります。

　この「人格読み」の話を学生にしたところ、「自分には無理です」としり込みする人がいました。でも実は、私たちはふだんから「人格読み」に近いことを日常生活でもやっています。

　たとえば電車がそうです。車両に乗り込んで、どこか空いている席に座ろうとするとき、ちょっと違和感を感じる人に対しては、「この人の隣はない」という「人格読み」をして、その隣には座りません。瞬間的に人を判断して、危なそうな人は避けているわけです。

　私は日頃からタクシーにものすごい回数乗りますが、乗った瞬間、五秒くらいで運転手さんがいい人か、感じが悪い人かわかります。その判断がくつがえったことはありません。今までどんな接客をしてきたのかとか、「この人には何を言ってもムダなんだろうな」とか、「あ、ちょっと運転が微妙だな」と瞬時に判断できます。

　こんなふうに**私たちは、つねに人に対して「超速読」の能力を発揮しています。ですか**

らそれを文章に応用できないはずはありません。この文章を書いた人はどんな人か、電車に乗ったときのように「人格読み」をする。その能力を発揮するのは、それほど難しくないと思います。

新書を「超速読」するやり方

著者は何が好きで何が嫌いか、感情に注目すると、理解が早まり、大事なポイントもはずさない。

3　始発駅と終着駅をおさえる「のぞみ読み」

資料を読む場合、時間がないとき、後半もしくは最後を読むという〝奥の手〟がある話を第二章でしました。しかしこれが本になると、さすがに最後だけだと足りません。その場合は最初と最後、途中を一、二箇所だけ読むのがいいでしょう。

私は、これを新幹線の「のぞみ」にならって「のぞみ読み」と名付けています。「ひかり」や「こだま」と違って、「のぞみ」は途中駅をほとんど飛ばしていきます。東京から出発すると、新横浜の次は名古屋です。そして名古屋のあとは京都、新大阪という順番で止まります。

本を読むときも、「とりあえず名古屋まで飛ばすか」という感じで、途中を飛ばし、あとは京都くらいは止まって、終点の新大阪に到着する、というイメージです。

全然関係ない話ですが、私は三河安城という駅がとても切なく思えます。三河安城は私のように新幹線によく乗る人間にとってはたいへん有名な駅です。なぜかというと、名古屋に着く少し前に必ず「ただいま列車は三河安城を時刻通り通過いたしました」とアナウンスがあるからです。

おそらく、三河安城で降りた経験がある方は少ないのではないでしょうか。通過されるだけの駅というのは辛いものがあります。でも「各駅停車読み」をしている時間がない我々としては、かわいそうですが、三河安城や私の故郷の静岡は通過駅として飛ばしてもらうしかないのです。

ともかく**本を「超速読」するには、始発の東京から横浜区間と、ラストの京都から新大阪まではおさえる。あとは名古屋に止まるという読み方をするといいでしょう。**

具体的にどうするのか、福澤諭吉の『学問のすすめ』を例にとって説明してみましょう。『学問のすすめ』は初編、第二編、第三編と続き、第一七編で終わっています。第一編ではなく、初編となっている点に注目すると、初編があったから続編を頼まれ、第二編、第三編と続いていったことがわかります。

そこがわかれば、ほとんどのことは初編に書いてあるな、と推測できるので、まずは初編を読みます。そこを読むのにそれほど時間はかかりません。極端な話、初編をしっかり

［始発駅と終着駅をおさえる「のぞみ読み」］

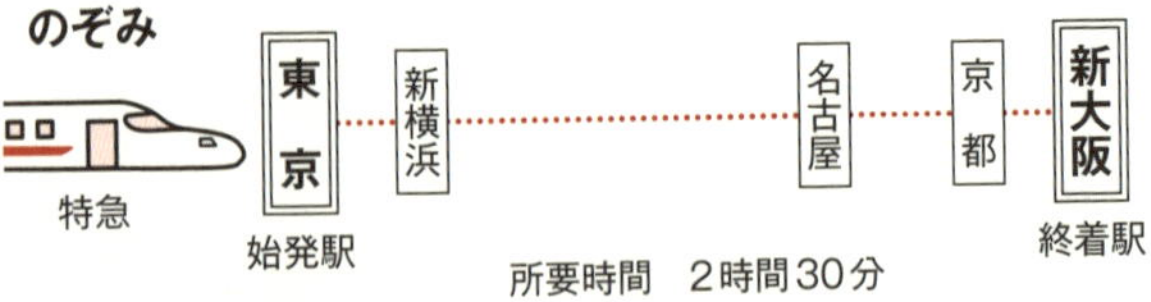

冒頭と終わり、途中1、2か所だけ読む ＝ **短時間で概要が把握できる とりあえず目的地に到着できる**

最初の1行から最後までもれなく読む ＝ **最後まで読むのに時間がかかる 途中で時間切れになったら、目的地に到着できない**

たとえば『学問のすすめ』なら

「のぞみ読み」

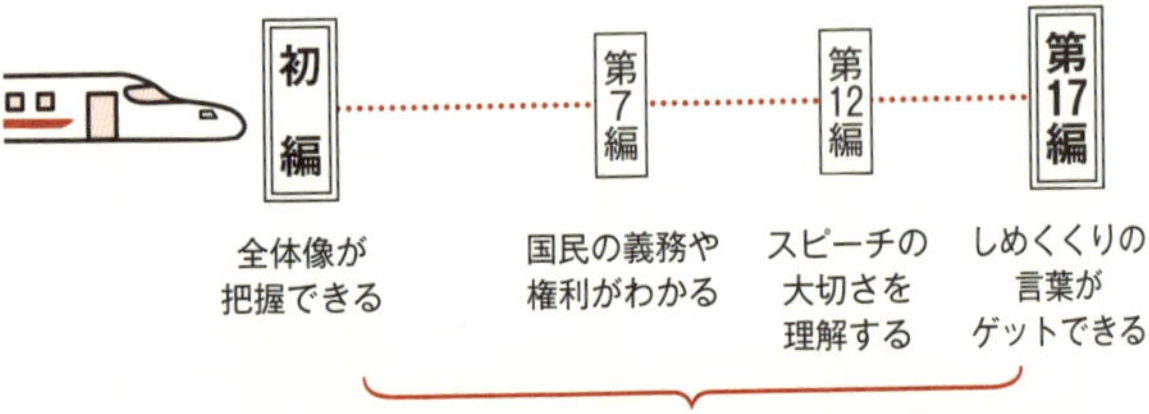

これだけで『学問のすすめ』について、いくつかのコメントが言えるようになる

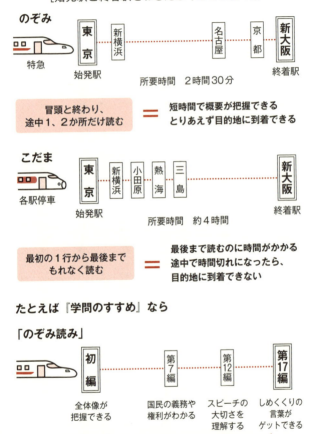

読んだだけでも、『学問のすすめ』を読んだことになります。

有名な「天は人の上に人を造らず。人の下に人を造らずと言えり」という言葉も、初編の冒頭に書かれています。しかし、これだけではダメです。

これに続いて、「にもかかわらずなぜ人には差があるのか」という問いが続き、その差は、「学ぶと学ばざるとによるのだ」と言っています。だから、学問をすすめるということです。はじめの二ページを読めば、論の中心がわかります。

次に、終わり方を見てみます。『学問のすすめ』は「人にして人を毛嫌いするなかれ」で終わっています。「人間に生まれたんだから、人間を毛嫌いしちゃいけないよ」という文章で締めているわけです。最後の一文を読むのに三秒もかからないでしょう。

これはいい言葉なので、赤いボールペンで線を引くか、囲っておきましょう。『学問のすすめ』について冒頭の言葉はみんな知っていますが、最後の言葉を知っている人はまれだと思います。「『学問のすすめ』のラストの言葉、知ってる人いる？　へえ〜、誰も知らないんだ。ぼくは知っているけどね」と自慢できます。

あとは目次を見て、面白そうなところか重要そうなところを一、二箇所、拾っていけばかなりいい感じです。たとえば第七編の「国民の職分を論ず」でもいいし、第一二編の

「演説の法を勧むるの説」や第一三編の「怨望の人間に害あるを論ず」でもいいでしょう。

こんなふうに、**途中を飛ばして、「のぞみ」のように読んでいくだけでも、『学問のすすめ』のおおよそは理解でき、かつ気が利いたコメントが言えるはずです。**

「人間なんだから人を毛嫌いしないで、広くつきあわないといけないんだよ。『学問のすすめ』のラストにもそう書いてあるしね」などと得意気に言ってみましょう。

新書を「超速読」するやり方

冒頭と最後、途中の二、三箇所をおさえるだけでも、だいたいの内容とコメントが言えるようになる。

4　特定のワードだけに注目する

私は大学院生時代やそのあとの研究者時代に、ぼうだいな量の本を流し読みしました。私の「超速読力」はそのとき身についたと言えます。だいたい一冊の本を一〇分くらいで読んでしまうということを日常的にやっていました。

どういう読み方をしていたのかというと、**研究テーマに関連するキーワードを五つくらい設定して、それだけを探して、見つけたら赤丸をつけ、どんどん読んでいくやり方です。**パッとページを開いて、キーワードがなければ、飛ばします。「キーワードがこのページにはある」「ここにはない」とやっていくだけですから、単純作業でどんどん読みとばせます。

キーワードを五つ見ていくのが難しかったら、最初は一つでもいいと思います。私の場合は「息」の研究をしていたので、「息」という文字に反応しました。たとえばフォークナーの『八月の光』の翻訳書があるとしたら、パッパッとめくりながら、「息」だけを拾っていきます。すると何カ所か拾えます。

同様に川端康成の作品でも「息」、谷崎潤一郎でも「息」に関するところだけセレクトしていくと、そのうち、文字のほうが向こうから目に飛び込んでくるようになります。ページを開くと瞬時に、「息」という単語が目に入るのです。

世界の文豪の作品を全部読まなければならないとしたら、たいへんです。でも「息」だけに注目して読めばいいのなら、大量に読むことも可能でしょう。筋を追っているわけではないので、目も一行目から読もうとはせず、全体を見るようになります。すると、その文字があるかないかを見つける判定がものすごく速くなります。

これこそが「超速読」です。一行ずつ読んでいく「速読」の方法とはまったく違います。ちょうど森に行って、特定の動物だけを獲物として設定し、それ用の網を持っていくイメージです。キーワードを設定しないで読むと遅くなりますが、〝獲物〟を特定しておけば、それだけを探して森の中を歩くので、見つけるのが早くなります。

たとえば『源氏物語』は長い小説です。でも「『源氏物語』に出てくる植物だけを見つけて赤丸をつけてください」という指示は、それなりにたいへんでしょうが、やっているうちに速くなります。

「今度は、色に注目して読んでみてください」と言われて、色に印をつけていくと、ずいぶんいろんな色があるのだなあ、とわかります。

「次は、匂いでいきましょう」などと、『源氏物語』を斬るキーワードを一〇種類くらい用意して読んでいったら、それなりの時間にはなりますが、初めから終わりまでちゃんと読破するよりは、けっこう速く読めるでしょう。

そのうち『源氏物語』にも慣れてきて、きちんと読んだわけではないのに、物語の概要もつかめていると思います。私は研究者なので、ずっとそういう読み方もしていました。

分厚い本がなかなか読めないとか、難しい本は苦手、という人は、**自分が興味のある言葉をキーワードにして、それだけを探していくと、分厚い本でも「超速読」でき、かつ角度のついたコメントが言えるようになります。**

「超速読力」は、「読む力」と「コメント力」がポイントですから、「あんなに長い『源氏物語』をお読みになったんですか！　しかも出てくる植物や色に詳しいなんて。ほんと天才です」と感心されるに違いありません。実際、『源氏物語』の植物や色についての研究はあります。

［キーワードを用意して読む］

**漠然と森に入っても、
なかなかつかまらない**

**特定の獲物を設定し、
それ用の道具を持って森に入れば
効率よくつかまえられる**

新書を「超速読」するやり方

キーワードを三～五個用意して、それだけを探して赤丸をつけていくと、最後まで読めて、オリジナリティのあるコメントが言えるようになる。

ひと目でわかるタイトルが大事

私は学生のレポートを大量に読みます。かつては受験生の小論文の採点をやっていました。読むほうは何十人、何百人という人の文章を読まなければならないので、たいへんな作業です。それこそ「超速読」して採点していくわけですから、他とは違う魅力のあるものでないと、高得点にはなりません。大切なのはタイトルのつけ方です。タイトルがぼんやりしていると何が書かれているのかよくわかりません。

私の好きな本に、『仁義なきキリスト教史』（ちくま文庫）があります。キリスト教初期の歴史を『仁義なき戦い』のような抗争史として描いています。イエスはじめみな広島弁です。独自性のあるタイトルです。あるいは『君たちはどう生きるか』（吉野源三郎、羽賀翔一著）や『嫌われる勇気』（岸見一郎著）など、タイトルを見ただけで中身が明白で、読みたくなるものがあります。こんなふうに、中身も立場性もわかるタイトルがついていると、内容が多少薄くても、タイトルで中身の薄さを補えるメリットがあります。

第四章

「超速読力」のトレーニング

「超速読力」は筋トレと同じで、鍛えれば鍛えるほど読むのが速くなります。
この章では「超速読力」の具体的な鍛え方についてお教えします。

1 ストップウォッチを持って、一枚一五秒で読む

この章では、「超速読力」をどう鍛えたらいいのか、そのトレーニング法について学びたいと思います。私の授業では、資料を一枚一五秒で読む練習をしています。私がストップウォッチを持ち、一五秒ごとに、「はい、次」「はい、次」というぐあいに、どんどん資料を読み進んでいくのです。

みんないっせいにやるので、一〇枚の資料なら一五秒ずつ見て、二分半で終わります。二分半後には全員が資料に目を通しているという前提で、今度はこの資料について一人ずつコメントを言います。

最初はみんなとまどいますが、一カ月もすると、全員がもれなく一五秒で一枚を読み、さらにちゃんとしたコメントも言えるようになります。だから、この本を読んでいるみなさんもやればできるのです。

みなさんは、あまりストップウォッチを持って読む経験をしたことがないと思います。でも時間を区切って読むのは、「超速読力」をつける上でひじょうに効果があります。ぜひスマホのストップウォッチ機能を使って、友人と「ヨーイ、ドン」で「超速読」の練習をしてみてください。

もちろん、自分一人でタイマーをセットして、練習するのでもかまいません。**時間が区切られると、適度な緊張感があり、集中力も高まります。タイムを何度も計るうちにどんどん速くなっていきます。**

なぜなら人は追い込まれると、本能的に工夫を始めるからです。「こうやったら前より速くなった。じゃあ、これにプラスするともっと速くなるかもしれない」という工夫を体が自然に積み重ねていきます。

「超速読」は理屈より体で覚えることが大切です。ですから何はともあれ、ストップウォッチで時間を計るトレーニングを重ねることをおすすめします。これは筋トレと同じトレーニングです。

ちなみに、私はスマホを持っていて、当然ストップウォッチ機能も付いていますが、単体のストップウォッチを常に持っています。その、物としての存在感が、時間意識を高めてくれるからです。
もし私が「超速読塾」を開催したら、一〇枚の資料の束を五束つくって、「まず一セット目を二分半で読んでください」と言うでしょう。「次は二束目です」「次、三束目」というようにどんどんやっていくと、頭が疲れてヘロヘロになった気がするでしょう。でも実は体は慣れてくるのです。何度もくり返しているうちに、「瞬時に大事な単語が飛び込んでくるようになりました！」という状態に必ずなります。

「超速読力」のトレーニング

一〇枚の資料の束を何セットかつくり、一セット二分半で読むトレーニングをくり返そう。

[資料を1枚15秒で読むトレーニング]

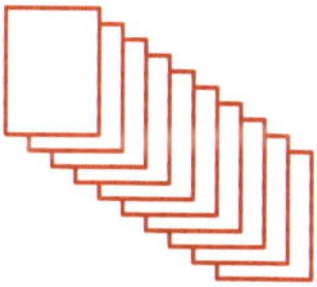

A4の紙に書かれた文章を
10枚用意する

↓

時間を計る
スマホかストップウォッチを準備

↓

よーいドンでスタート、
1枚15秒、10枚を2分半で
読み終わるトレーニングをする

↓

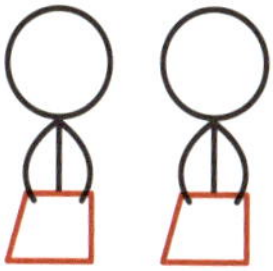

友人と一緒にやると、
緊張感が高まってより効果的

＊次の文章を一五秒で読んで、内容を話してみよう

†松陰のまいた種が明治に花開く

『講孟劄記《こうもうさつき》』「巻の四上」では、松陰は獄から出て家に戻され、孟子の講義を一時中断していたが、「千万年に伝へんとす」という気持ちで、再び講義を再開することを宣言している。現在は『講孟劄記』を読んでいる人は少ないかもしれないが、本がいまだに出版され、版を重ねているということは、松陰の志が後世に伝わっていると言える。同じく「巻の四上」で松陰は、「遊学の益あることを知る」と言い、「断然国を出でて遊学をな」せば、「志」や「学」も百倍になるとしている。普段は忙しさにかまけているが、思い切って国を出て学問をするなら、その成果も百倍になるだろうと主張しているのだ。

これは、考えようによっては脱藩の勧めである。事実、彼は東北のことが知りたくて、藩の命に背いて東北に行ってしまったために罪に問われるわけだ。別に東北に行かなくてもよかったのだと思う。しかしすでに平戸に行き、江戸に行き、全国を見ているので、まだ行っていない東北に行きたいと思ったのだろう。

結果的に藩を抜けることになり、こうした行為が最終的に松陰を追い込んでいく。
（『「日本人」力　九つの型』齋藤孝著　ちくま文庫より）

要約のポイントは、キーワードを三つ入れることです。この場合、たとえば『講孟剳記』、遊学、脱藩の三つを入れて要約すると、大きく外すことはありません。

2 「新書トレーニング」は「超速読力」養成に最強！

私の授業では、一五秒トレーニングでみな「超速読力」が鍛えられているので、もっとすごいことをやっています。

それはひとりずつ新書を持ってきて（もちろん自分が持ってきた新書は、すでに読んだものに限ります）、**二人一組で互いの新書を交換し、「一〇分で読んで。読み終わったら相手の人に内容を説明して、コメントを言ってください」という授業です。**

私はせっかちなので、一〇分も待っていられなくて、「もういいでしょう。はい、やめ」と言って五分、ときには三分で読んでもらうこともあります。

そして読み終わった本の内容を相手に説明するのですが、黙り込んでしまう学生はひとりもいません。というのも、つね日頃から私が「挙動不審のおどおどした態度では話さないでくださいね」「一冊を全部丁寧に読んだ気持ちで、堂々と話すんですよ」と口をすっぱくして言っているからです。

「著者になりかわって、熱く語ってくださいね」と言うと、みんな熱く語ります。読む時間がたった三分しかなかったわりには、すごく熱く語るのですが、説明された人に聞いてみると「けっこう内容は、当たってますね」と答えます。

三分しか読んでいないのに、なぜ内容をはずさないのかというと、彼らは私がアドバイスした通りの読み方をしているからです。すなわち、第三章で説明した本の「超速読」のやり方をマスターしていて、カバーの袖や裏表紙を見て概要を把握するのです。

あとはタイトルを見て、帯を見て、「はじめに」と「おわりに」をパラ読みすれば趣旨はだいたいわかります。「はじめに」か「おわりに」で趣旨を説明していない著者がいたら、どうかしていると思います。

カバー周りを見て、「はじめに」と「おわりに」をダッシュで読むだけなら三分もあれば十分でしょう。そしてまだ時間があれば、目次を見て、あとはものすごい勢いでページをめくり、目についた面白いところを探していくのです。

この「新書トレーニング」が学生にたいへん好評です。「瞬間的に文章が読めるようになりました！」とみんな喜んでいます。

[新書を3分で読む「新書トレーニング」]

友人と2人で、
各々が読んだ新書を
交換する

「せーの」で
読み始める

最初は10分で読む。
慣れてきたら、
5分→3分と縮める

読み終わったら、
相手に「読んだ本の内容」と
「自分のコメント」を話す

**めざせ！
新書100冊超速読!!**

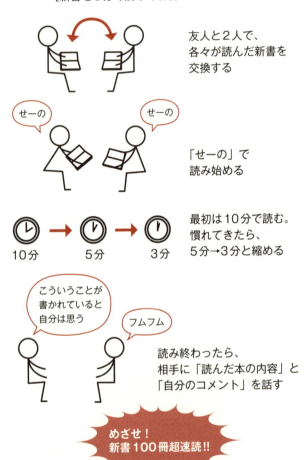

トレーニングに使うのは、教養系の文庫かほとんどは新書です。なぜ新書を使うのかというと、ひとまとまりの知識が一冊にまとまっているからです。私は新書がひじょうに好きで、ぼうだいな数の新書を読んでいます。

ほぼ一日に一、二冊は読んでいるでしょうか。そこで得た知識がひじょうに役立っているので、新書を読むのがやめられません。新書があるから、今の私がある、と言ってもいいくらいです。

ですから、学生たちにもぜひ新書を読んで、知識を蓄積してもらいたいと思っています。新書はだいたい二〇〇ページくらいあります。それを私の授業では、たった三分で読んで、コメントを言うわけです。まさに「超速読」そのものですが、学生たちはみなそこそこ説明でき、コメントが言えるようになります。

本をちゃんと読んでいる人からすると、「そんなものは読んだうちに入らない！」と怒られそうですが、一冊読んでもすぐに忘れてしまったり、終わりまで読めずに途中で行き倒れるくらいなら、**三分で一冊読めて、自分のコメントが言えるほうがずっと生産的なのではないでしょうか。**

たった三分で読んだとしても、自分で言ったコメントは忘れません。「その本を読みました」だけでなく、「だからどうした」という部分を自分オリジナルのコメントとして覚えていれば、本の中身が自分の中に定着したことになります。

それにじっくり読んだからといって、深く読めているとは限りません。新書読みと小説読みとは少し違いますが、「超速読」するという意味では、米原万里さんの『打ちのめされるようなすごい本』（文春文庫）を読むと、本を読むスピードの速さに圧倒されます。

米原さんは、なんと一日に本を七冊読むことを続けていたそうです。「こんなに難解な本をあのスピードで読んで、これほど深く理解できるのか！」と驚くしかありません。

米原さんは同時通訳をされていて、自分自身では小説も書いていたので、ものすごく忙しい方です。しかしそのぼうだいな読書量が、逆にクリエイティブな能力を支えていたのだろうと思います。

『打ちのめされるようなすごい本』を読むと、米原さんが何に引っかかり、インスパイアされたかがわかります。まさに「キター！」という箇所、三色ボールペンでいえば、自分が興味を引かれた緑色の線を引くところがクッと拡大され、ピックアップされているのです。

一日七冊読んでも、深く読みこめるのですから、「超速読力」を鍛えれば、これからの人生、ぼうだいな本を読むことができます。

ぜひ「新書・文庫トレーニング」をされることをおすすめします。一〇〇冊を目安に「超速読」すれば、かなりの「超速読力」が身につくでしょう。

なお新書・文庫は、レーベルによってラインナップに傾向の違いがあります。講談社現代新書、ちくま新書、中公新書は違いますし、新潮文庫、ちくま文庫、文春文庫も違います。また、講談社学術文庫、ちくま学芸文庫のように、古典や名著を収録している文庫もあります。自分の気に入ったレーベルがあれば、そこを続けざまに読むのも面白いでしょう。

私の場合で言えば、『ことばが劈《ひら》かれるとき』（ちくま文庫）や『ことばとからだの戦後史』（ちくま学芸文庫・ともに竹内敏晴著）が一冊で人生観が変わるほどの本でした。『阿含経典』（増谷文雄著・ちくま学芸文庫）も面白かったです。

新書・文庫をどんどん「超速読」してください。あらゆる学問分野の、幅広い知識が手に入るでしょう。

「超速読力」のトレーニング

新書・文庫を三分で読み、内容を説明してコメントを言ってみよう。一〇〇冊読破を目安にしよう。

3　知識量を増やせ！　知っていれば読むスピードが速くなる

私が新書をすすめるのは、幅広い知識が手に入るからです。この知識の蓄積が「超速読力」を磨いていくのに役立つのです。

実は、「超速読力」を支えているのは、知識の量です。読む前から五～六割くらい内容を知っていれば、読むのが速くなります。なぜかというと内容をすでに知っているからです。初めての分野の本を読むときは、最初の一冊目はもたもたして時間がかかります。でもその一冊を読んでおけば、似たようなテーマで別の著者でもすっと読めます。

本当は、一度読んだ本を二度三度と読むのが知識の定着としてはいちばんいいのですが、それでは受験勉強みたいになってしまいます。ですから同じような分野で、別の人が書いたものを三冊、五冊と読んでいくことをおすすめします。そうすれば知識がおおよそ身について、どんどん読むのが速くなっていきます。

私は先日、瀬川拓郎さんの『アイヌと縄文――もうひとつの日本の歴史』（ちくま新書）という本を読みました。そのあと同じ著者の『アイヌ学入門』（講談社現代新書）を読んだのです。

一冊読んで、「うーん、ちょっとはっきりしないな」というところを、もう一冊の本で読むと、飽きずにすらすら読むことができました。すでに知っていることもあるので、「おお、知ってる知ってる」という感じで、どんどん速く、しかも深く読めるのです。

なおかつ、そのアイヌについて野田サトルさんの漫画『ゴールデンカムイ』や『アイヌの歴史――海と宝のノマド』（瀬川拓郎・講談社選書メチエ）、『アイヌ文化の基礎知識』（草風館）という本を投入すると、五、六冊を超えたあたりから、すっかりアイヌづいてきます。

すると何を考えても、アイヌと縄文文化が頭を離れなくなります。はたして縄文とアイヌはつながっていたのだろうか。縄文といえば三内《さんない》丸山遺跡ですが、そこからは武器が出土していません。

一万年ちかく続いたと言われる縄文時代において、その間、戦乱がなかったとすれば、たいへん興味深いことです。平和な文化を何千年も続けていた縄文人に対する評価もひじょうに高くなるでしょう。

このように、つながりでどんどん読んでいくと、「知ってる」「ちょっと知らない」が続いていって、最初は「知っているのが三割、知らないのが七割」だったのが、「六、七割は知っていて、三、四割は知らないかな」というぐらいまで知識が増えていきます。

さらに知識が蓄積されると「八、九割は知っていることだった」というふうになって、知識量に比例して、類書を読む読書のスピードも速くなっていきます。まさに飛ぶように「超速読」できるようになっていくのです。

つまりたくさん本を読んで、知識量が多い人ほど、「超速読」の速さが加速していくと言えるでしょう。**知識があるので、次の本を読むのが速い。しかも本を読み慣れているので、大事なところを見つけるのが速いのです。**

読めば読むほど知識量が増えて、「超速読力」が鍛えられます。運動をすればするほど筋肉が鍛えられるのと同じです。

私の場合、どれくらい本を読んだのかというと、四〇年以上、毎日本を読んでいます。さすがに米原万里さんのように一日七冊とはいきませんが、最低でも一日一冊は読んでいます。すると一年で約三〇〇冊、四〇年で一万二〇〇〇冊を読んだことになります。

それだけ読めば、いいかげん知識もたまっていきますし、知識量に比例して、「超速読」できる速度も増していくのです。

なお、読んだ本の読書ノートをつけている人がいますが、私にはあまり合いませんでした。私も読書ノートをつくったことがあるのですが、時間ばかりかかって効率的ではありませんでした。

「超速読」しているときは、脳が高速回転しているので、頭の速度と手でノートを書く速度が合っていないのです。スピードが遅いのは致命的です。そんな、まどろっこしいことをするくらいなら、目の前の人に話して、自分なりのコメントを言ったほうが、ずっと知識が定着するでしょう。

「超速読力」のトレーニング

知識量と読むスピードは比例するので、似たテーマの本をまとめて読み、知識を増やそう。

4 キーワードを設定し、「ホーク・アイ」を鍛える

「超速読」するときは、一行目から尺取り虫のように文字をたどるやり方を捨て去らなければいけません。全体を俯瞰して見る、「ホーク・アイ（鷹の目）」を持つことが重要です。瞬時にホーク・アイで全体を見て、鷹が〝獲物〟に舞い降りるように、パッとアタリをつけるのです。この能力は、誰でも身につけることができます。

テレビ番組で、鷹にカメラを付けて鷹の目を実感できる映像を見たことがあります。信じられないスピードで、林をすり抜け、目標物を捉える目の動きは、神々しいほどの瞬間的判断力を体感させてくれました。

私は小学生を対象に、この「ホーク・アイ」を身につけさせるレッスンをしたことがあります。小学生向けに塾をやっていたとき、私が指定した文章やキーワードを全文の中から見つけてきて、丸をつけたら手をあげるという授業をやったのです。すると、小学生で

あっても、みなおそろしいほどスピードが速くなるのです。

たとえば、坂口安吾の「風と光と二十の私と」という作品を小学生と読んでいたときです。

「『善いことも悪いことも自分一人でやるんだ』という文章が次のページに出てきますから、見つけた人は線を引っ張って、手をあげてください」と言うと、その文章は左ページにあったにもかかわらず、一〇秒くらいで「先生、あった！」と手をあげる子がいるのです。

おそらくふつうの小学生なら、まず右ページを最初から順番に読んでいき、次に左ページを読むでしょう。右ページを読むのに、早い子でもだいたい三分くらいかかるかもしれません。左ページも見ていたら、五分はかかってしまうでしょう。

それが一〇秒もたたないうちに、「あった！」と手をあげるのはどうしてできるか。それがまさに、「ホーク・アイ」です。練習しているうちに、みんなどんどんできるようになってきて、「この文章、見つけてください」と言うと、たちまち「あった！」と全員の手が上がるようになりました。**小学生でも練習すれば、ちゃんと「ホーク・アイ」で〝獲物〟を見つけることができるのです。**

このように、私は自分の経験から、誰でも「ホーク・アイ」の能力を身につけることができると確信しています。その方法は、私が小学生にやったように、キーワードやキーセンテンスを指定して、ページの中からそれを見つける訓練です。それが「超速読力」につながっていきます。

「ホーク・アイ」で広い視野をとり、見ることができるようになると、ページ全体を見て「ここは大事」「ここは大事なものはない」と、瞬時に判断して読み進むことができるようになります。

つまり、セレクト能力が磨かれてくるわけです。忙しくて優秀な人は、セレクト能力が異様に高いとよく言われます。ココ・シャネルも、「これはあり」「これはない」という判断がとても早かったそうです。映画監督も、優秀な人はセレクト能力が早いと聞いたことがあります。

「ホーク・アイ」を鍛えれば、ビジネスに必要なセレクト能力ももれなくついてくるのですから、こんなにいいことはありません。そのためには「ホーク・アイ」を鍛えて、「超速読力」を磨くことです。

世の中には、見たものをそのままビジュアルとして写真のように覚えてしまう特殊な能

[「ホーク・アイ」を身につけるトレーニング]

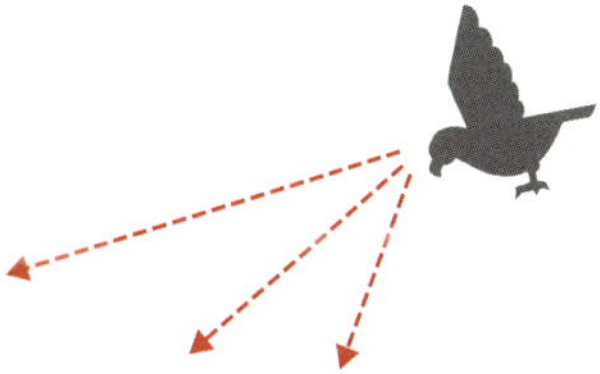

広い視野で全体を見て、
獲物を見つける
「ホーク・アイ」

＝

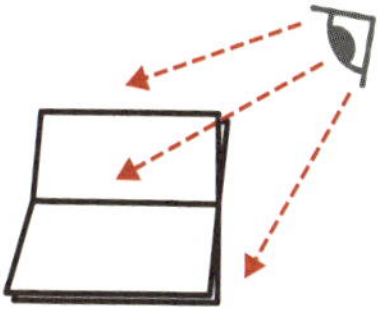

ページ全体を見て、
重要箇所を見つける力

誰でも身につけられる「ホーク・アイ」は
キーワード・センテンスを探す練習から

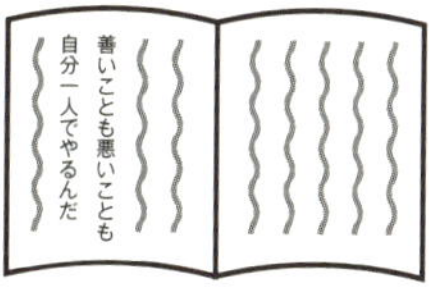

「善いことも悪いことも
自分一人でやるんだ」
というセンテンスを
見つけよう!!

この能力を磨くと、
瞬時に選び出す「セレクト能力」を鍛えられる

力を持った人がいるようです。でもそういう特殊な能力がなくても、「ホーク・アイ」は鍛えられます。ページの中に、決められたキーワードがあるかないかを探していくだけでいいのです。

最初は、セレクトしたキーワードを探す練習をしましょう。全体を俯瞰して見る「ホーク・アイ」が鍛えられれば、ページを見て、瞬間的に〝獲物〟がいるかどうかを判断できるようになります。

「超速読力」のトレーニング

キーワードを決めて、見開きで素早く見つける練習をする。全体を俯瞰するように探してみよう。

5 「速音読」で「アイ・スパン」を広げ、脳を活性化する

「ホーク・アイ」とも少し関連しますが、**目の動きを広げる、つまり「アイ・スパン」を広げるのも大切だと思っています。これには、高速で読む「速音読」がひじょうに効果的です。**

私は「声に出して読む日本語」を推奨しているのですが、これはあとで紹介する小説などの文芸書や古典を読むときにも使える方法です。

「速音読」の場合、最初の一行からひと言も落とさずに高速で読んでいきます。すると口で話している箇所よりもっと先を、目は見ています。高速で音読しないといけないので、つねに目は今読んでいるところプラス少し先まで見ていないと、イントネーションを間違えたり、意味が取れなくなってしまうからです。

それをやっていると「アイ・スパン」が広がって、全体の見通しがよくなります。単語

ごとに読んでいるとぎこちない日本語になってしまいますが、きちんと「アイ・スパン」を取って、先まで見通していると、日本語らしい抑揚で意味をつけて読めるわけです。アナウンサーも、広く「アイ・スパン」を取るように指導されるそうです。

「速音読」のメリットはそれだけではありません。速度をあげて読んでいくと、少し先まで目を送ることになるので、目で実際に見ている箇所と、口で言っている文章とは少しズレることになります。目で先の文章を追いながら、口では違う文章を言っている。つまり脳が二つの作業をしているのです。

「速音読」でこの訓練をしていくと、頭がとんでもなくシャキッ！　とします。実際、私は東北大学で医学博士の川島隆太先生と対談させていただいたときに、そういう話をうかがったことがあります。

音読することによって、自分をコントロールする脳の前頭前野の働きが活発になる、その結果、視床下部にある扁桃体が興奮して起こる攻撃性や不安を抑えることができるそうです。

それだけでなく、認知症にも効果があるとおっしゃっていました。スマホやテレビばかり見ていて、受動的な状態に置かれていると、脳の活動が落ちてきて、学習能力も下がる

［「速音読」で脳を活性化するトレーニング］

「速音読」で文章を読むと、

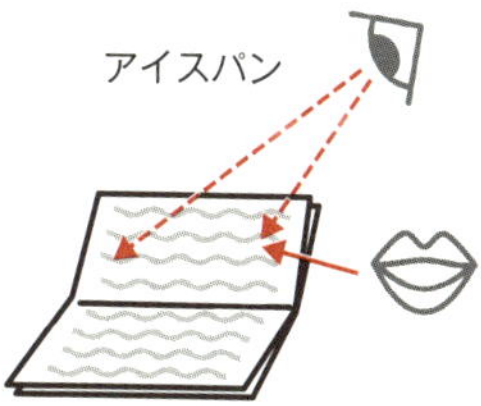

目は
少し先の文章を見て

口では
今の文章を読んでいる

脳が２つの作業を同時にしている

＝

デュアル・タスク

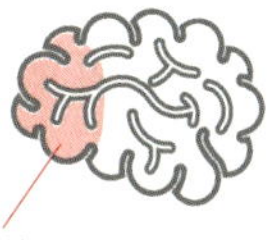

①速音読しているときは、
脳の前頭前野を使っている

＝

不安や攻撃性を抑える

②前頭前野に血流が回るので、
認知機能もアップする

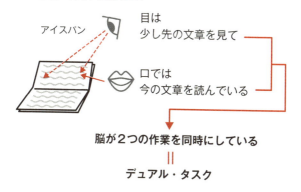

そうです。でも音読をすると、前頭前野にいちばん血流が回って、脳の活動が活性化されるのです。

音読は遅いより、速いほうがより効果的だと、川島先生はおっしゃっていました。私は昔からずっと「速音読」を続けているのですが、それをやり続けた結果どうなったかというと、二つの作業が同時に脳でできるようになったのです。たとえば私は講演会で話をしますが、今しゃべっている内容だけを考えていると、次の展開ができません。

今日の聴衆の反応だと、次に話すのはAのネタにしようか、Bがいいか、Cにしようかと考えるわけです。

でもそれをしながらしゃべっていなければなりません。しゃべりながら、別のことを考えるデュアル・タスクは、音読のとき、今読んでいるところとは別のところに意識がいっているのと同じ状態です。

つまり**「速音読」をしていると、同時に二つの作業をするデュアル・タスクの能力が鍛えられ、脳が活性化するのです。**これも「超速読力」の訓練につながります。なぜなら「超速読力」は高速で文章を処理しながら、コメントも言うという二つの作業を同時に行わなければいけないからです。これは、ぼんやりしていてはできません。脳がフル回転していないとうまくいかないのです。

「超速読力」を鍛えるためにも、「速音読」をこころがけてください。そうすれば、「アイ・スパン」が広がって、デュアル・タスク能力も活性化できるなど、さまざまな能力を鍛えることにつながっていくのです。

「超速読力」のトレーニング

できるだけ高速で音読する習慣を続けてみよう。デュアル・タスクができるようになり、「アイ・スパン」を広げることにも役立つ。

6　読んだら、必ずアウトプットしよう

本を「超速読」したら、必ずアウトプットすることをおすすめします。それも早ければ早いほどいいのです。できれば、その日のうちがおすすめです。誰かひとりに話しただけで、その話はずっと覚えていられます。

相手がいない場合は、ＳＮＳでもかまいません。「これこれこういう本に、こういう言葉があったんだけど」と自分記憶のために送信しておくのです。送られた相手は「何のこっちゃ」と思うかもしれませんが、相手のことなど考える必要はありません。「今読んだ本のことだよ」と言えばすむでしょう。友だちなら、「そんなものは絶対に送らないでくれ」という人はいないと思います。

友だちというのは、自分が読んだ本をお互いに語り合うためにいるのだと、私は思っています。

現に私は大学時代、自分の友だちと、読んでは語り合うということを毎日していました。彼は中学の同級生でしたが、一緒に東大に行って、同じ町に住み、同じ大学院にも進学しました。それを何年もやっていたので、もうアウトプットなしには本が読めなくなってしまったのです。

大学の教員になってからも、読んだ本は学生に話しています。そうやって人に話すと忘れません。

「超速読」は、そのアウトプットに加速を加えていく感じになります。どんどん読むので、どんどん話すという感覚です。加速するとたいへんなようですが、人間は加速が快感になります。バイクに乗って何が面白いかと言うと、ぐっとアクセルを踏んで加速していくときが気持ちがいいのです。

私がバイクに乗っていた時期、一度ガラガラの自動車専用道路で、スピードを四〇キロくらいに落としてから、一気に加速するのをやってみたことがあります。「なんなんだ、この快感は」と思うくらい爽快な気分でした。

同じように一冊の本を五分、一〇分で読めたらものすごく快感になります。その勢いのまま読み、アウトプットして人に話すと、話すことも快感になります。「超速読」→快感

↓アウトプット↓快感のサイクルを習慣づけていきましょう。

「超速読力」のトレーニング
本を「超速読」できると快感になる。それを誰かに話すのも快感になる。「超速読」↓快感↓アウトプット↓快感のサイクルを習慣にしよう。

7　本屋は「超速読」のワンダーランド

書店という場所は、自由に立ち読みを許可しているという点で、ひじょうに寛容な業務形態だと思っています。

最近はコンビニで本や雑誌の立ち読みができなくなっているので、書店のメリットが際立ってきました。まるで「これだけの知識を立ち読みして吸収してください」と鷹揚に言われているようで、感動すら覚えてしまいます。

私は書店に行くと、知識の世界に対する〝お布施〟のような感じで、必ず一冊買うようにしています。

とはいっても、立ち読みでそれほど長く読んでいられないので、さっと見ては本棚に返さなければいけません。そういうことをやっていると自然に「超速読力」がついてきます。

その場で「超速読」して、自分にピンと来るものがあれば、その本を買えばいいですし、買わなくてもその場で記憶してしまえばいいのです。

もちろん、本を眺めて「超速読」するだけなら図書館でもできるのですが、書店のほうがもっと効果的です。なぜならそこには〝買う〟という緊張感がともなうからです。**身銭を切って買うという行為が、「超速読力」を鍛えるわけです。**

しかし図書館のようにタダで何冊も借りることができると思うと、気持ちが甘くなります。私自身、図書館で借りた本はなぜかほとんど読めません。もちろん研究用の資料は借りてコピーしますが、実際に本を読むときは線を引くので、図書館の本ではそれができないからです。

自分の家に、読んだ本がいつでもあるのが基本です。本で最も大切なのは、背表紙です。背表紙のタイトルが何気なく目に入ることで、知的な刺激があります。背表紙の並びが、自分の知的活動の証です。

私の家では「身銭を切って本を買う」が家訓になっていて、私も学生のころから月に二万円ほどは本を買っていました。私が上京したさいに、父が一緒に来たときも、「ゲーテ全集」を買ってもらったのを思い出します。

身銭を切って本を買うのは自己投資ですが、これは自分が豊かに生きるための投資です。

[書店で本を買うほうが「超速読力」が鍛えられる]

ゲームの課金にお金を使うくらいなら、本を買ったほうが人生が豊かになります。

でも何でもかんでも買えばいい、というものではありません。書店では二〇冊くらいバーッと「超速読」して、これはという一冊を買ってくる。そういうくり返しをしていれば、確実に「超速読力」はついてきます。まずは書店に入る習慣をつけるといいでしょう。

「超速読力」のトレーニング

書店に行く習慣をつけ、「超速読」して「これは」という一冊を購入する。

コラム　「超速読力」の効用①

「超速読力」があれば書店で〝瞬殺〟でき、時流に乗り遅れない

「超速読力」の訓練をすると、新書の内容が五分くらいで理解できて、コメントが言えるようになります。しかもやればやるほどスピードが速くなるので、これを訓練しない手はありません。

この能力を身につけて、書店に行ったとします。本をパッと広げて、次々と見ていくと、一〇冊くらい、簡単に説明できるようになります。すると一〇冊見ても、買うのは本当に必要な一冊ですみます。残りの九冊はその場で〝瞬殺〟したと言っていいでしょう。

ベストセラーなどは全部買っていられませんので、書店で「超速読」して、だいたいの内容をわかっておけば、その話題が出ても困りません。

最近はアマゾンなどネット通販で本を買う方も多いと思いますが、ネットのデメリットは「超速読」ができないことです。たぶんこんな内容だろうと思って買ってみると、全然違ったということがよくあって、「お金を無駄にした」とがっかりします。

最近の若い人は、ネットを利用するときは、〝はずれ〟ることもある、と割り切って購

入するそうですが、昭和生まれの私はそこまで吹っ切れません。しかし書店ではたくさんの本を「超速読」できるので、確実に〝当たり〟の本だけを購入できます。

また時流で流行っているものに関して、目配りができるという意味でも「超速読力」があると便利です。一冊の本を読むのに三日、四日かかってしまうと、本の冊数が増えていきません。

するといろいろなものにアプローチできないので、知識も偏ってしまいます。たとえばAI賛成派と反対派がいたとして、両方の意見を読んでおけばそれなりのコメントも言えますが、片方だけしか読めていないと、中身の薄いことしか言えません。

資料や本をたくさん読んでいればいるほど、読み間違いを防いで、バランスが取れた意見が言えるようになるメリットがあります。

第五章

高度な「超速読力」〜小説、古典を味わう

教養として必要な世界の名著や古典も、「超速読」の方法を使って本質に迫ることができます。

その方法について説明します。

1 「駅弁方式」なら「超速読」でも深い本質にふれられる

第三章では、新書や文庫、実用書をさっと理解できる「超速読」のやり方について見てきました。できればそれに加えて、文学や古典を読み、深い本質にふれる能力も必要だと思います。つまり〝本読み〟の能力としては、「全体を要約できる力」と「深い本質にふれる力」の両方をかねそなえているのが理想だからです。

この章では小説などの文学作品や哲学、古典といった作品を「超速読」し、かつ本質にふれるやり方について述べていきます。

小説や詩、古典は趣味として味わうものですので、その場合は自分の好きなやり方で、好きなように読んでいただければいいと思います。

一方、「教養として知っておきたいが、全部読んでいる時間はない」「今さら世界名作全集は読めない」という人には、「超速読」という方法を使って、内容をつかむだけでなく、本質まで深く理解できるやり方をお教えしたいと思います。

私自身は、研究者としてぼうだいな本を読まなければいけない立場にあったため、必要に迫られて文学作品や古典を「超速読」する方法を編み出してきました。

この方法は、「速読」とは違います。「速読」は目を速く動かし、ページもどんどんめくっていきますから、技術が必要です。その上、内容を要約するとなると、かなりの頭の良さが必要でしょう。

それに比べると、小説や古典を「超速読」するこのやり方は誰にでもできるものです。それは作品のある部分をセレクトして読んでいく「駅弁方式」というものです。**作品を最初から読んでいくのではなく、いちばん肝心なところをセレクトして味わうわけです。**つまり目的地まで歩くのではなく、途中は列車で通過します。しかし駅で駅弁を買うように、「ここぞ」という駅では降りて駅弁を買い、味わう。そして再び途中は通過し、また「ここぞ」という駅が来たら、降りて駅弁を買うイメージです。

東海道を歩いて、東京から京都まで行ったらたいへんです。しかし列車に乗って、途中の名所だけ降りて駅弁を買い、景色を見ながらじっくり旅情を楽しめば、東海道を早足で味わうことができます。

[「駅弁方式」で本質にふれる]

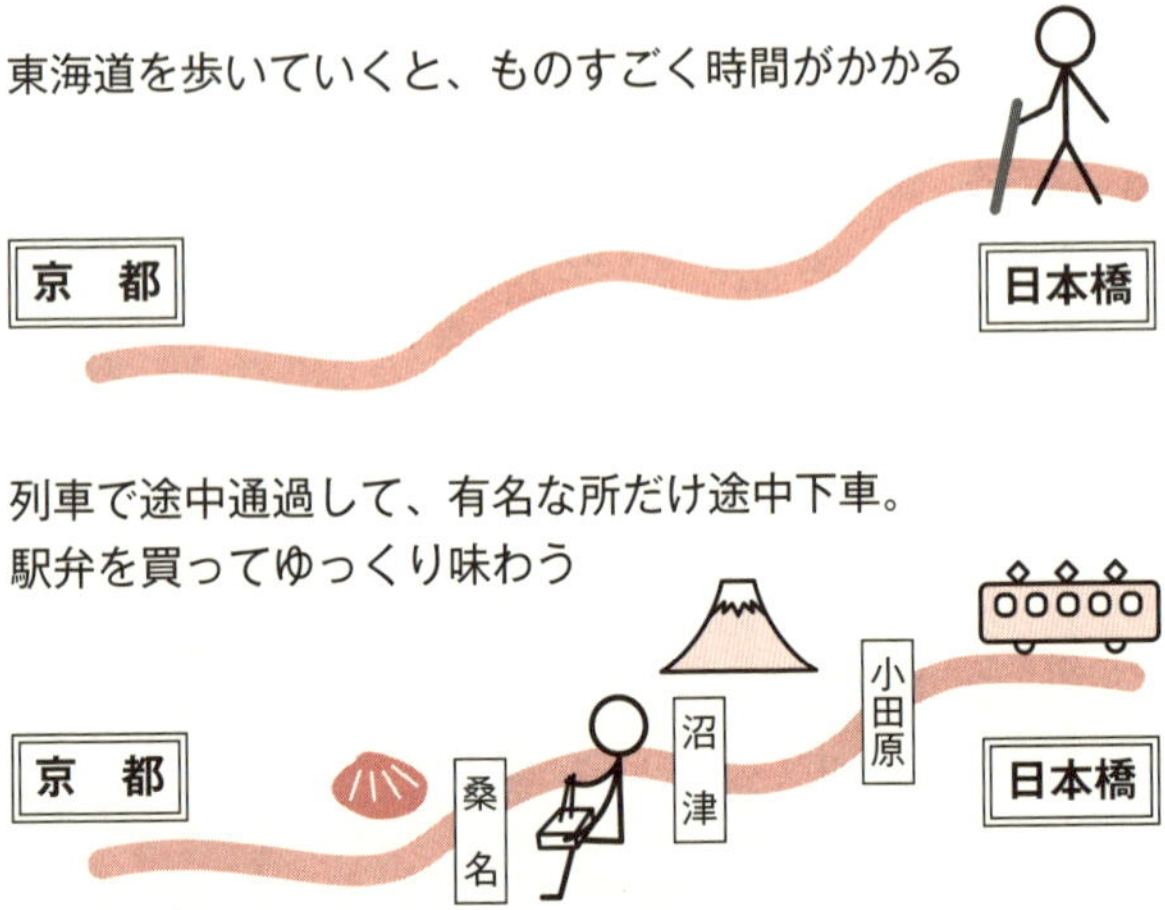
東海道を歩いていくと、ものすごく時間がかかる
京　都
日本橋
列車で途中通過して、有名な所だけ途中下車。
駅弁を買ってゆっくり味わう
京　都
桑名
沼津
小田原
日本橋

第三章で説明した、新書や実用書を読む「のぞみ読み」と似ていますが、この場合、読むのは文芸作品や古典ですので、ただ内容をおさえるだけでなく、〝味わう〟行為が重要です。文芸や古典の神髄にふれるためにも、降りた駅ではじっくり読む点が「のぞみ読み」とは少し違います。

私は大学の授業で、学生とこの「駅弁方式」を頻繁に行っています。たとえば『ツアラトゥストラ』や『罪と罰』を終わりまで全部読もうと思ったら、相当のエネルギーを要します。でも私が「何ページの何行目から何行目まで、みんなで音読しましょう。せーの」と〝途中下車〟する箇所を指摘し、その部分だけ読むということをやっていると、それだけでも十分『ツァラトゥストラ』や『罪と罰』の本質に迫ることができるのです。

どこに〝途中下車〟したらいいかわからない、という人も多いと思いますので、その場合、どうするのかというと、今はインターネットという便利な手段があります。**ネットを駆使して、ざっくりその作品のあらすじや概要をおさえておき、さらに代表的な場面や有名な箇所を検索しておくのです。**

一番大切な場面をしっかり読みこむことで、作品の本質をつかむことができます。たとえば、『カラマーゾフの兄弟』なら、イワンの語る大審問官の話を音読すると、深い世界観に触れることができます。

小説・古典を「超速読」するやり方

有名な箇所だけおさえて、じっくり味わう。

---

2 「速音読」で身体に本の痕跡を残す

江戸時代の寺子屋では、『論語』の音読を幼少期からやらせていました。**「音読」という方法を用いれば、たとえ一部分だけ読んでも本質をつかまえられるからです。**江戸時代の人たちは、経験的にそのことを知っていたのでしょう。

私が出した『声に出して読みたい日本語』（草思社文庫）という本も、そうしたコンセプトにもとづいて出版されたものです。

たとえば『平家物語』を全文読むのはたいへんですが、那須与一の場面だけ一ページ半ぐらい音読すれば、『平家物語』の本質がわかります。

左ページに原文を掲げましたので、ぜひ声に出して読んでみてください。

頃は二月十八日の酉刻《とりのこく》ばかりの事なるに、折節《をりふし》、北風激しくて、磯打つ波も高かりけり。舟はゆり上げゆり据《す》ゑ漂へば、扇も串に定まらずひらめいたり。沖には平家舟を一面に並べて見物す。陸《くが》には源氏、轡《くつばみ》を並べてこれを見る。いづれもいづれも晴れならずといふ事ぞなき。

与一、目を塞《ふさ》いで、

「南無八幡大菩薩、我が国の神明《しんめい》、日光権現《にっこうのごんげん》、宇都宮、那須の湯泉《ゆぜん》大明神、願はくはあの扇の真ん中射させて給《た》ばせ給へ。これを射損ずるものならば、弓切り折り、自害して、人に再び面《おもて》を向かふべからず。今一度、本国へ向かへんと思し召さば、この矢外させ給ふな」

と、心の内に祈念して、目を見開いたれば、風も少し吹き弱り、扇も射よげにぞなつたりける。

与一、鏑《かぶら》を取つてつがひ、よつ引いてひやうど放つ。小兵といふぢやう、十二束三伏《そくみつぶせ》、弓は強し。浦響《うらひび》く程長鳴《ながな》りして、過《あやま》たず扇の要際《かなめぎは》一寸ばかりおいて、ひいふつとぞ射切つたる。鏑は海へ入《い》りければ、扇は空へぞ上がりける。しばしは虚空《こくう》にひらめきけるが、春風に一もみ二もみもまれて、海へとさつとぞ散つたりける。夕日の輝《かかや》いたるに、みな紅《くれない》の扇の日出《いだ》したるが、白浪の上に漂ひ、浮きぬ沈みぬ揺られければ、沖には平家船《ふな》端《ばた》を叩いて感じたり。陸には、源氏箙《えびら》を叩《たた》いてどよめきけり。

（巻第十一）

どうでしょう。『平家物語』の独特のリズム、武士の覚悟、劇的な展開が鮮明な情景とともに伝わってくる気がしないでしょうか。文学作品であれば、名場面をリズミカルに音読したほうが作品世界に深く入れます。**文学作品の文章には言葉に生命があるので、黙読で読むより、音読で身体ごと読んだほうが、その生命をくみ取ることができるのです。**

ほとんどの本はよほど好きでない限り、時間がたつと中身も本質も忘れてしまい、身体に痕跡が残りません。でも音読して身体ごと読んだ本は、その身体の感触を覚えていて「あそこで音読したよね」ということを忘れないのです。

このように音読には特別な効果があります。これに「超速読」を加えていったのが「速音読」です。たとえば一分という時間で区切って「速音読」すると、知性をつかさどる脳の前頭前野の活動が活発になり、ふつうにダラダラ読むより、ぐっと身体に入ってきます。

私は『カラマーゾフの兄弟』（ドストエフスキー）というひじょうに長大な物語のある部分を、宝塚ファンの方々と一緒に「速音読」したことがあります。取り上げたのは、カラマーゾフの長男の婚約者カテリーナと富豪の愛人グルーシェニカが言い争う場面です。グルーシェニカはその悪女的魅力でカラマーゾフの長男だけでなく、父親も籠絡《ろうらく》してしまいます。思わずカテリーナが「あれは虎だわ！」と叫ぶ場面がクライマックスです。その場面を、宝塚の方々と一緒にステージに立ち、数百人の宝塚ファンの方々と一緒に音読したわけです。


「あなたがあたしの手にキスなさったのに、あたしは全然しなかったってことを、さっそくドミートリイさんにも伝えますわ。あの人、さぞ笑うことでしょうね！」

「恥知らず、出て行け！」

「まあ、恥ずかしくございませんこと、お嬢さま、恥ずかしくございませんの、あんまりはしたないじゃありませんか、そんな言葉を口になさるなんて、お嬢さま」

「出て行くがいい、淫売《いんばい》！」カテリーナがわめきたてた。まったく引きゆがんだその顔の、線という線がふるえていた。

「淫売で結構ですわ。自分だって、若い娘の身でお金目当てに男のところへ夕方忍んでいらしたくせに。自分の美しさを売りにいらしたんでしょう、あたし知ってますのよ」
（『カラマーゾフの兄弟（上）』「第三編　好色な男たち」より　原卓也訳・新潮文庫）

ほとんどの方が『カラマーゾフの兄弟』を読んだことはありません。でも「せーの」で数百人がいっせいにその場面を朗読すると、みんなはその部分しか読んでいないのに、人間関係がドロドロと複雑にからみあう「ドストエフスキーのワールドってこうなんだ」ということが身体の感覚としてわかったのです。

私はマグロをさばいて、トロの部分だけ切り取って、差し出したようなものです。「この作家のエッセンスはここを音読してもらえばわかる」というところを切り取って、トロのように差し出せば、みんなは本質にふれられます。文芸作品を「速音読」して身体感覚に残せば、トロの味の記憶がいつまでも身体に残ります。

小説・古典を「超速読」するやり方

名場面を切り取り、「速音読」で感覚を身体にしみこませよう。

3　登場人物になりきって音読すると、本質が瞬間的にわかる

小説などの文学作品を音読するときは、登場人物になりきると、本質にさらに近づけます。たとえば、シェイクスピアのせりふを実際に役者になったつもりで言ってみましょう。「シェイクスピアってこういうものだったんだ」と体感できます。

まったくシェイクスピアを読んだことがない人でも、**見開き二ページを音読するだけで、シェイクスピアの本質がわかるのです。これが、音読に「超速読」を加えた面白さです。**

実際、私は高校生一〇〇〇人の講演会で『マクベス』のあるページを二ページほど、読んでもらったことがあります。

とりあげたのは、マクベス夫妻が共謀して王を殺す相談をしている場面です。「、」や「。」のところで、私と聴衆の高校生が交代しながら読むという難しいことをやったのですが、高校生たちはノリノリでした。

どの場面を読んだのか、ここに紹介します。みなさんもマクベスとマクベス夫人になりきって、ノリノリで音読してみてください。

マクベス　もし、しくじったら、俺たちは？

マクベス夫人　しくじる、私たちが？

勇気を締めなおしさえすれば

しくじるものですか。ダンカン（マクベス夫妻が暗殺するスコットランド王）が眠ったら

――昼間の強行軍のせいで

深い眠りに誘われるだろうから――お付きの二人には

たっぷりとお酒を飲ませて酔い潰してやる。

そうすれば脳の番人の記憶は煙となって消え、

理性の器も蒸留器にすぎない。二人とも豚のように眠りこけ

酒びたしで死体みたいになってしまえば、

無防備なダンカンなどあなたと私で

好きなようにできるでしょう？　私たちの大逆の罪だって

お酒を吸い込んだ海綿同然のお付きに
なすりつければすむことじゃなくて？
マクベス　男の子だけ生むがいい。
恐れをしらぬその気性では
男しか作れまい。どうだろう、
眠りこけた部屋付きの二人に
血を塗りたくり、短剣もやつらのを使えば
二人が下手人だと思われるのでは？
マクベス夫人　そうとしか思えないでしょう。
私たちは大袈裟に
王の死を嘆いてみせるのよ。
マクベス　腹は決まった。この恐ろしい離れ業に向けて
身体じゅうの力を振り絞る。
さ、奥へ。きれいに装って皆を欺くのだ。
偽りの心に巣食う企みは、偽りの顔で隠すしかない。

［登場人物になりきって音読しよう］

まったく読んだことがない本でも、登場人物になりきって音読すると作品の本質が体感できる

（『マクベス』松岡和子訳・シェイクスピア全集3・ちくま文庫）

彼らは『マクベス』をまったく読んだことがなく、前後の脈絡もよくわからないのに、マクベスとマクベス夫人になりきって、このせりふを読みきりました。そして見事にマクベス夫人の気の強さを体感できたのです。

シェイクスピアというもっとも文化的に高いものを、高校生が初めて読むにもかかわらず、その場で音読して、感情をくみ取りながら読めたことが私には驚きでした。**二ページを約一分ほどで「速音読」しただけなのに、そこから物語の本質を読み取っていたのです。**

「これぞシェイクスピアの世界」というもの

をみなで共有でき、「速音読」のすごさをあらためて実感することができました。

みなさんも「速音読」するさいには、登場人物になりきってせりふを言ってみることをおすすめします。言葉が生のものとして身体を通してよみがえり、本質が瞬間的にわかるという驚くべき体験ができるでしょう。

小説・古典を「超速読」するやり方

登場人物に憑依すると、作品の本質が理解できる。

4 「一期一会読書法」で偉大な人物と出会う

ある一瞬ふれただけでも、その本が持っている本質と出会えることがあります。それを私は「一期一会読書法」と名付けています。

本との出会いは人との出会いと同じです。偉大な人物、たとえばナポレオンやゲーテと一瞬でも会った人は、生涯それを覚えているでしょう。

たとえすれ違いざまに会っただけでも、「あのときゲーテと会ったんだ」ということがその後の人生に影響を与えていきます。

本を人格としてとらえると、そういう出会いが実現するのです。生涯忘れられない出会いができるのが「超速読」の良さだと思います。

私は小学生のころ、巨人軍の試合を見に行ったことがあります。そのときファウルボールが近くに飛んできました。

すると長嶋さんが「坊主、取ってくれ」と言ったので、投げ返したのです。そのことを五〇年近くたった今でも忘れません。偉大なるものとの関わりは強く印象に残ります。本も同じだと思うのです。

「超速読でいいのか。熟読しないとダメなんじゃないか」と言う人は、的はずれだと思います。「超速読」すらしないで、本に出会っていない人が多すぎます。「超速読」することによって、本との出会いは飛躍的に数を増します。

「ソクラテス先生とお話しできるのは五分です。先生はお忙しいですからね。五分でもありがたいですよ」とか「本居宣長先生と五分、ニーチェ先生と一〇分、お会いできますよ」と言われたら、たった五分でも狂喜乱舞して喜ぶのではないでしょうか。

そしてその出会いを心に焼き付け、けっして忘れないように自分の中に刻みつけるはずです。それが、本を「超速読」で「人格読み」するメリットです。

「一期一会読書法」が向いているのは、古典です。**本を人格としてとらえ、偉大なる人物に出会うのだと考えると、その中から自分に役立つ言葉を必死で吸収するに違いありません。**

一生に一回一五分だけ出会えるという気持ちで読めば、たとえ二ページ、三ページの

「超速読」であっても、出てきた言葉を自分に与えられた言葉として心に刻み込めます。

古典を初めから丁寧に読んでいくのもいいのですが、それをやって途中で行き倒れてしまうくらいなら、二ページ、三ページでもいいので、その本＝人と出会い、人柄にふれるひりひりするような体験のほうが大切だと思います。

本当にその本が自分にとって意味があるものにしていくには、**「これからゲーテ先生に接見できるのだ。接見時間は五分しかないぞ」という気持ちで、本に人格として出会うことが重要ではないかと思います。**

「たった五分でゲーテの本質がわかるのか」と疑問に思うかもしれませんが、私たちは人と出会うとき、瞬時に相手を判断しているのではないでしょうか。

「あの人はさわやかな人だよね」とか「あの人は暗くて、疑い深そうで、何を考えているのかわからない」など、会った印象から瞬間的に相手の人格に迫っていきます。

本を人との出会いと同じようにとらえると、「超速読」であっても本質に迫ることはできるはずです。

ついでにふれておくと、文芸作品や古典には必ず文体のスタイルがあります。それがその著者の人格であり、生き方を象徴するものとなっています。

［「一期一会読書法」で偉大な人物と出会う］

偉大な人物と一瞬でも
会うと生涯覚えている

同じように本を「人格」
としてとらえると、
2、3ページの「超速読」
でも心に刻まれる

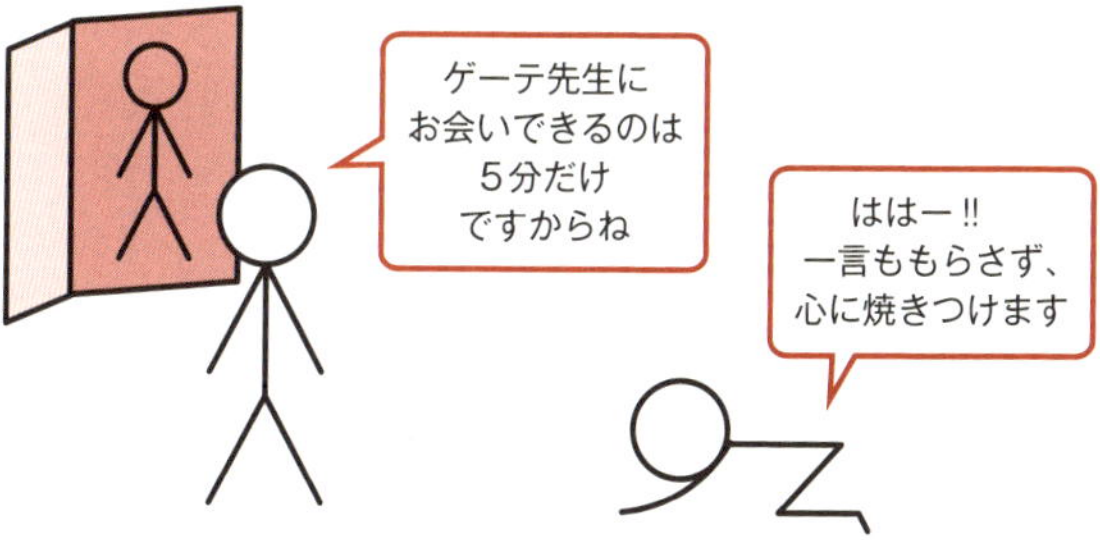

偉大な人物と5分会えるとしたら、
一言ももらさず吸収するはず

‖

「超速読」であっても本質に
迫ることができるはず

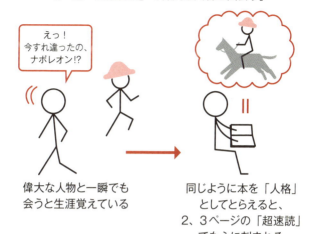

ニーチェの本を読むと、翻訳でさえニーチェ独特の文体があらわれています。学生に「ニーチェの『ツァラトゥストラ』的な文体で、エッセイを書いてきてください」と課題を出すと、全員がニーチェ的な文体で作文をつくってきます。ニーチェの人格をつかんだ証拠です。

私はスタイルの研究をしていますが、人格や生き方のスタイルはすべてに連動していて、その基盤には身体性があると考えています。

身体はかえようがないので、ニーチェにはニーチェの身体性、本居宣長には本居宣長の身体性があり、そこから言葉や思想が生み出されていきます。つまり**その人の気質が文体にあらわれているのです。「超速読」においては、そういう気質を読み取っていくことが大切です。**

文体から人間の気質を察するいちばんいい方法が、音読です。『方丈記』と『平家物語』の冒頭は似ていますが、原文を音読してみると、文体や気質はまったく違うことがわかります。かたやエッセイであり、かたや戦記物です。「両方とも無常観について述べている」というのは適当な要約であって、原文を音読してみると、文体の雰囲気の違いが体感として伝わってくるでしょう。

文体、すなわち人物の雰囲気を体感できるという点も、「超速読」で音読するよさです。

とにかく、古典を読むのは偉大な人物と出会える素晴らしい体験になります。私は『論語』を現代語訳したことがありますが、全文訳している間はつねに『論語』を持ち歩き、喫茶店で手書きで原稿を書きました。ファックスで原稿を受け取った編集者は、その原稿をデータ化するのがたいへんだったと思います。

それはともかく全部自分の言葉で現代語訳しましたので、当然、記憶はちゃんと残っています。それでもふとした瞬間に「孔子のあの言葉はこういうことだったんだ」と気づくと、目の前がぱあっと明るくなる感動を覚えるのです。

訳した自分自身ですら、はっと改めて気づいて「すごいな、孔子！」と思うくらいですから、孔子の言葉はたった一つのセンテンスでも深い意味を持っています。こうした人格とのふれあいは、瞬間的な出会いでも得られます。みなさんも、本で偉大な人格に出会う「一期一会読書法」に、ぜひ挑戦していただきたいと思います。

小説・古典を「超速読」するやり方

本を読む＝偉大な人物の人格とふれあう場と考え、その出会いを大切にする。

5　おみくじを引く感覚で「見開き」にかける

古典が素晴らしいのは、むだな言葉が少ないことです。聖書でも『論語』でも、パッと開いたページに出ていた言葉を「まさに今の自分に与えられた言葉」として受け取ることができます。出会いがしらというと、言葉がちょっと雑ですが、「今日はこの言葉で」という感じで、どの言葉をとっても生きる指針にできます。

偉人の言葉は、ひと言が重いのです。兼好法師は『徒然草』で「達人の、人をみる眼《まなこ》は、少しも誤るところあるべからず」と言っています。偉人が見る目は間違いがない。『徒然草』じたいがまさにそういう存在です。

どのページをぱっと開いても、人生に役立つことが書いてあります。ですから**古典が全部読めない、という人はおみくじを引くような感覚で、ページをパッと開いてみるのがいいと思います。**

そういえば、私の授業に出ている学生が神社でおみくじを引いたら、「努力すれば、待ち人来ると書いてありました」と報告してくれました。

内容じたいはとても一般的です。でもそれを引いた人は、自分に与えられた言葉として真剣に受け取ることができるわけです。人は自分に与えられた言葉は大事にします。そこに、意味を見出すからです。

古典の言葉はひとつひとつがおみくじみたいなものですから、神社のおみくじを引くくらいなら、いい本を読んで、自分へのメッセージを見つけたほうがより人生に役立つと思います。

「今日のおみくじ」みたいな感じで、パッと本を開いて、「今日のニーチェ先生のメッセージは何だろう」と読んでみます。何カ所か開いてみて、今の自分にいちばん刺さるものを選んでもいいでしょう。

「一期一会」の出会いで、いい言葉を発見するかもしれません。

ちなみに、私は神社でおみくじを引きません。その理由は二〇代のとき、お正月におみくじを引いたら凶が出たからです。

その年は本当にさんざんな目にあったので、以来、おみくじはぜったいに引かないこと

[おみくじ方式でメッセージを受け取る]

古典の文章はみな示唆に富んでいる。
パっと開いたページにある言葉を
自分へのメッセージとして受け取る

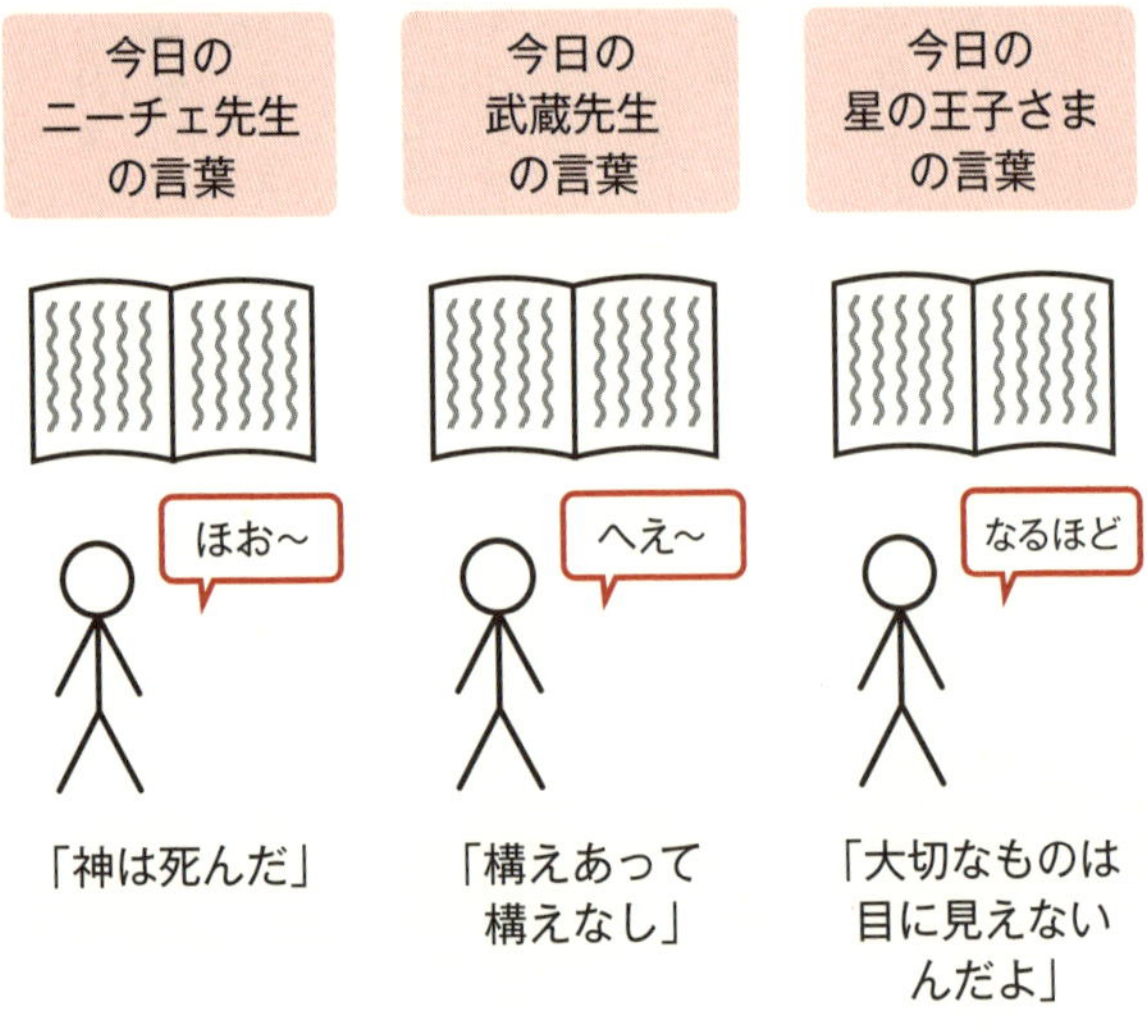

に決めました。おみくじを信じていないのではなく、恐いのです。

古典の場合はそうしたことがないので、安心して〝見開きおみくじ〟を引くことができます。

小説・古典を「超速読」するやり方

パッと開いたページに書いてある言葉を、自分に与えられたメッセージとして受け取る。

6　「引きつけ読み」で「読まずにできる読書会」を開こう

デカルトやニーチェなど古典を読むとき、「超速読」で深く本質が理解できる、とっておきの方法があります。それが「引きつけ読み」です。古典のある部分だけを読んで、自分に引っかかるところを探し、自分のエピソードとからめてアウトプットする読み方のことを「引きつけ読み」といいます。

私が勝手に名付けた読み方ですが、この方法を使うと「本を読んでいなくてもできる読書会」が開けます。実際、私は大学の授業でこの「引きつけ読み」をやってもらっています。まず、デカルトやニーチェの本を持ってきてもらいます。当然ながら、読んでいない学生も多いわけです。

私は本のある節を示し、「この節を一〇分で読んでください。そして自分が引っかかったところを話してください」と指示します。そして学生たちを二人一組、または四人一組にわけて、それぞれ自分が引っかかったところを、自分のエピソード付きでチームの人に話すのです。

　すると、デカルトやニーチェをまったく読んだことがない学生でも、「超速読」した部分を上手に引用しながら、自分の経験をからめて、角度のあるコメントが言えます。

　この「引きつけ読み」を身につけると、スピード感が出てくるだけでなく、より深く本質に迫ることができます。

　なぜなら、**「自分にとってこの本はどんな効き目があるのか。この本は自分にとってどうなのか」ということを、つねに考えながら読むからです。**

　デカルトやニーチェの言葉を自分の経験に一回くぐらせることで、自分の体内に取り込み、血肉化できたことになります。

　するとデカルトやニーチェを全然読んでいなくても、自分の経験に照らし合わせて、それなりのコメントが言えるようになります。コメントが言える＝ある種の理解ができている、ということです。だから本を読んでいなくても、本について語り、意見を言う読書会が開けるのです。

　この読み方は昔の言葉で言うと「冷眼熱心《れいがんねっしん》」です。「冷眼熱心」は『菜根譚』の中にあ

[「冷眼熱心」で「引きつけ読み」をする]

自分の経験に引きつけて考えると、本質が理解できる
〈引きつけ読み〉をする

本を全部読んでいなくても読書会ができる

る言葉で、私が大好きなワードのひとつなのです。原典は「熱鬧《ねつどう》の中に一つの冷眼《れいがん》を着《つ》くれば、便《すなわ》ち許多《きょた》の苦の心思《しんし》を省《はぶ》く。冷落《れいらく》の処《ところ》に一《い》つの熱心《ねっしん》を存《そん》せば、便ち許多の真《しん》の趣味を得《う》る」です。忙しいときこそ物事に流されず、クールな眼を持てばつらい思いをしない。落ちぶれたときこそ熱い心で対すれば、真の喜びが得られるという意味です。

これを「超速読」にあてはめると、**クールな眼で著者が言いたいことをつかみ、それを熱いハートにくぐらせて、自分のものにしていく読み方になります。**

この「冷眼熱心」をいつも心がけておくと、読書だけでなく生き方じたいも積極的な姿勢が身についてきます。

現代社会において、ビジネスパーソンにはクリエイティビティはもちろん、大量の情報を瞬時に処理するスピード感も求められています。

一方で、精神力は昔に比べて弱くなっているように思います。「冷眼熱心」の姿勢で、要約する力を鍛えつつ、なおかつ自分に引っかかってくる「引きつけ力」も鍛えていけば、一石三鳥ぐらいの勢いで、現代社会に必要な力が獲得できるでしょう。

「超速読」するさいには「冷眼熱心」を忘れないよう、この言葉をデスクや壁に貼っておくといいのではないでしょうか。

小説・古典を「超速読」するやり方

「冷眼熱心」の心がまえで、自分に引っかかる著者の言葉を探し、自分の経験に引きつけると、理解が深まる。

7 「五冊一〇冊並行読み」で、行き倒れも恐くない

立命館アジア太平洋大学学長、出口治明さんと対談させてもらったことがあります。出口さんは本を読むのが趣味で、買った本は必ず最初から最後までじっくり読むそうです。本を斜め読みしたり、一部だけ読んだりすることはない、とおっしゃっていました。それであれだけの冊数の本を読まれて、吸収されているのですから、すごいなと思いました。

しかし、ふつうの人が出口さんのように「最後まで読む」をルールにするとどうなるかというと、悲惨なことになります。**読んでいて途中で足踏みしてしまったとき、次の本に行けなくなり、新しい本が読めなくなってしまうからです。**

三〇代で、読めない本が出てきてそこでストップしたら、読書人生はその時点で終わってしまいます。「生涯読んだ本は一〇冊です」などということになったらどうするのでしょう！　私はふつうの人には途中で挫折しても、次々と新しい本が読めるよう「五冊一〇

冊並行読み」をすすめています。

一〇冊同時に読んでいれば、七冊途中で終わったとしても、三冊は残ります。この読み方だとかなり自由度が広がるでしょう。たとえば一〇冊のうち一冊は何年かけても読んでいい本、一冊は一カ月で読み、一冊は「超速読」する、などという設定もありです。私は「旅行に持っていくときだけ読む小説」というのがあって、その本はふだんは読まないので、一カ月ぐらい間があいてしまうと、ストーリーを思い出すのに苦労して、とうとう読まずに終わったということもありました。

でも**五冊一〇冊並行して読んでいれば、読まない本があっても気になりません。気兼ねなくどんどん新しい本にチャレンジしていけます。**

小説・古典を「超速読」するやり方

一〇冊同時に読んでいれば、七冊途中で終わっても三冊は残る。同時並行読みなら、気兼ねなく冊数を増やしていける。

8 「二八読書法」で数をこなし、知の世界を広げる

ただ、あまりに中途半端に食い散らかすのもどうかと思うので、終わりまで読めそうにないな、と思ったときは、最初の二割ではなく、全体で重要な二割をつまみぐいのように読む方法もあります。こうすると、もし途中で行き倒れて八割は読めなくても、重要な二割は読んであるので、ダメージを最少におさえられます。

この方法は、最終的にたくさんの本を読むには適しています。何しろ一冊の本のうち二割だけ読めばいいので、どんどん読み進めます。もちろん、ただたくさんの本を読めばいいというわけではなく、遅読でゆっくりいい本だけを読む、という読み方もあるでしょう。

でもゆっくり読むに値するいい本に出会うためにも、ある程度の数をこなしている必要があります。経験的に言うと、読書家の人はだいたい一〇〇〇冊の単位で本を読んでいき、一万冊まで行くと、本を見る目ができてくる感じがします。宮本武蔵の「千日の稽古を鍛《たん》

とし、万日の稽古を錬《れん》とす」をアレンジすれば「千冊を鍛《たん》として、万冊を練《れん》とする」という表現がぴったりきます。

本をたくさん読んだ人に「全部読みましたか」と聞くと、おそらく「全部読んだわけではありません」と答えるでしょう。**「読まない本なら買うことなかったじゃない。もったいない」と考える人もいると思いますが、そういう考え方では知の世界が広がりません。**

司馬遼太郎さんは本を書かれるとき、自分の部屋が図書館のようになるくらい資料用の本を集めました。井上ひさしさんが戯曲を書くときは、それに関連する古書が神田の古本屋街から消えたそうです。ぼうだいな本から絞りとった一滴一滴が、優れた作品に結実します。「戯曲をひとつ書くのに、あんなに本はいりませんよね」と言うのは凡人の世界です。達人たちは大量の本をこなして、自分に必要なものを吸収しながらアウトプットしています。やはりある程度の広がりも必要なので、行き倒れても気にしない根性が大事です。ただそれではあまりにもったいない、という人のために、「二八読書法」をおすすめします。

小説・古典を「超速読」するやり方

要点をつまみ食いする読み方で、一万冊まで読むと、本を見る目ができる。

9 「背表紙効果」もバカにできない

昔、有名な東大の先生が「本は積んでおくだけ、〝積《つ》ん読《どく》〟でもいいんだ。君らが本を買うと出版社にお金が入って、それでまたいい本が出せるんだから」と言ったことがあります。私は、「なるほどな」と妙に納得してしまいました。

本が一冊もない家より、〝積ん読〟だけの本でも、本がたくさんある家のほうが知的な刺激があります。私もまさにそういう経験があります。東大の法学部にいた頃に、『日本政治裁判史録』という本をすすめられて、全巻を買いそろえました。それらはほとんど読んでいません。「あの立派な裁判の記録、どうしよう」といつも思っています。

あるいは、ある先生が「柳田國男全集を読んでいないのは、知性に問題がある」と言っていたので、私もまだ素直な時代でしたから、古本で全巻をそろえました。もうひとりの先生は「フロイト全集を読んでいない人間は知的意欲に欠ける」と言うので、フロイト全集もそろえました。

それらを全部読んだのかというと、ところどころ目を通した箇所はありますが、全部は読んでいません。いつも私の部屋に柳田國男やフロイトの全集が鎮座していて「何なんだ、これ」という圧迫感があるだけです。

でも大学生のころから部屋に柳田國男やフロイトがつねにいると、「おまえはちゃんとやっているのか」と叱咤激励されているようで、おおいに刺激になりました。全集とはそういう存在です。一冊の本だとそれほどでもありませんが、全集などある程度のかたまりになると、重くのしかかってきます。こうした「背表紙効果」がバカにできないのです。

みなさんも〝積ん読〟だけの本が増えても気にしないようにしましょう。その背表紙が、みなさんに知的なプレッシャーを与えてくれるのです。

とはいっても、せっかく買った本をムダにしたくなかったら、「超速読」で処理しておけばいいでしょう。全部腐らせるよりは、「超速読」する作業をしておいたほうがいいでしょう。

これを私は秘かに「沼津の干物方式」と呼んでいます。干物は別に沼津でなくてもいいのですが、自分の地元なので、ちょっと宣伝しますが、沼津ではアジの干物が有名です。

［「沼津の干物方式」で買った本を処理する］

読まずに
“積ん読”だけ
だと腐る

→

とりあえず、
買ったらすぐ
「超速読」する

魚をそのまま
おいておくと腐る

→

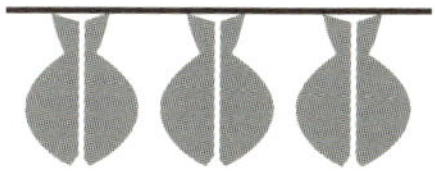

「沼津の干物方式」
で処理すると、
時間がたっても
おいしく食べられる

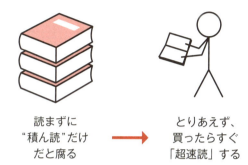

内臓を取って天日干ししておくだけで、時間がたってもおいしくいただけるのです。

今まで説明してきたいろいろな「超速読」のやり方を使って、本を買ってきたらすぐ「超速読」で処理しておけばいいでしょう。買った本を腐らせないためにも「超速読」が役に立ちます。

小説・古典を「超速読」するやり方

「沼津の干物方式」で買った本を処理すると、〝積ん読〟本も腐らない。

コラム 「超速読力」の効用②

「超速読」はアウトプットを前提としているので、内容が身につく

「超速読力」は、速読のようにただ速く読むための技術ではありません。読んで理解し、それについてコメントを言うところまでを含めた力です。つまりアウトプットができなければ、「超速読力」と言わないのです。

いくら丁寧に本を読んでも、アウトプットができなければ、読んだことにならない、と私は考えています。つまりアウトプットを想定しないインプットは効果がないのです。

勉強を例にとってみましょう。目的もなく何となく勉強している人は身につきにくい。テストがあるから勉強する。あるいはこれからそのことについて発表しなければならないから、しっかり覚える、ということです。

ほとんどの日本人は、「読む」と「聞く」についてアウトプットを想定しないでやっていることが多いと思います。人の話を聞いているときに、「その話をもう一度要約してください」という想定のもとに聞いていません。だから「もう一度話して」と言われると、「えっ」となる。

私は自分の講演会で、聴衆に講演内容を要約してもらうことがあります。要約（アウトプット）を予告すると、聴き方に身が入ります。

「私の話を聞いたあと、何も要約して話せない、アウトプットができないとすると、それはただそこで座って幻影でも見ていたか、幻聴でも聞いていたのと同じになるんじゃないでしょうか。聞いたというのは、要点を確実に要約して、話せることを意味します。それ以外は白昼夢におちいっていたのと同じなんですよ。

講演が終わったあと、それについて何も言えなければ、三日後にもまったく言えません。三日後に言えないことが一週間後に言えるでしょうか？　ますます無理です。鉄は熱いうちに打てというように、記憶は新鮮なうちにアウトプットしてくださいね。アウトプットすれば、ちゃんと身につくんですよ、みなさん」

こんなふうにアウトプットの大切さをいつも強調しているわけですが、「超速読力」を身につければ、そもそも「超速読力」はコメントを前提とした読み方ですので、限られた時間内に要約して、「これだ！」というポイントをつかまえ、アウトプットできます。

第六章

実際に小説や古典を「超速読」してみよう

「超速読」は無理と思われる世界の名作や古典を実際に「超速読」してみます。

この方法を使えば、今まで読めなかったたくさんの教養書を「超速読」することができます。

1　世界史レベルで有名な言葉をおさえ、その前後に注目する

〔デカルト『方法序説』〕

†『方法序説』を「超速読」してみよう

デカルトの『方法序説』を読んだ人は少ないと思いますが、これは有名な本ですので、ぜひ読んでおいたほうがいいと思います。しかし何となく堅苦しくて、実際一ページ目から読もうとすると、途中でつかえてしまうでしょう。

とても薄い本にもかかわらず、それでも最初から読むと、すぐに落伍する人が出てしまうのです。こういう本を読む場合は、**有名な言葉が書いてあるところをおさえて、その前後を読むやり方がおすすめです。**

これから『方法序説』の「超速読」の方法を具体的にお教えしますので、みなさんも私と一緒に古典の「超速読」にトライしてみましょう。

① まず『方法序説』の本を用意してください。

薄い本ですので、図書館で借りずにぜひ購入して、本に線を引けるようにしましょう。ここでは、岩波文庫（『方法序説』谷川多佳子訳）を使います。

② 最初に表紙、裏表紙、袖を見ます。

そこに、たいてい本の概略が書いてあります。岩波文庫の場合はカバーの表に「すべての人が真理を見いだすための方法を求めて、思索を重ねたデカルト」とあり、デカルトがどういう人かがわかります。

さらに続けて「『われ思う、ゆえにわれあり』は、その彼がいっさいの外的権威を否定して到達した、思想の独立宣言である」と書いてあるので、どうやらデカルトが当時の〝権威〟を否定し、独自の思想を『方法序説』によってつくったらしい、ということがわかります。

そのことを頭の片隅に置いておきましょう。

③　世界史レベルで有名な「われ思う、ゆえにわれあり」の言葉を探しましょう。

この言葉は『方法序説』の第四部に書いてあります（「わたしは考える、ゆえにわたしは存在する」〔ワレ惟《おも》ウ、故にワレ在《あ》リ〕）。ネットで「われ思う、ゆえにわれあり」を調べると、どの章に書いてあるかすぐわかるでしょう。それを見つけて、三色ボールペンの赤で囲います。

④　そしてその前後の文章に注目しましょう。

その前後の文脈を見ていくと、少し前に「すなわち、このようにすべてを偽と考えようとする間も、そう考えているこのわたしは必然的に何ものかでなければならない」という言葉があり、さらにその前には「以前には論証とみなしていた推理をすべて偽として捨て去った」と書いてあります。

「あやしい、あやしい」と捨て去った結果、必然的に「そう考えている私」だけが残ったとデカルトは言うわけです。これだけでデカルトの本質はつかめたと言っていいでしょう。

ここに赤い線を引いておき、さらにこのページは大事なので、ページの上を折るかフセンをつけておくといいでしょう。

私は学生に『方法序説』を読んでもらうとき、第四部のこの部分に印をつけ、この言葉が書いてある一ページ分を音読し、二人一組で、相手に書いてあることを説明し、自分の経験をプラスして話す、ということをやってもらいます。

⑤　みなさんもこの部分について自分のエピソードを入れながら、説明してください。

友だちと二人でやるといいでしょう。お互いに説明をするのに五分くらいしかかかりません。それだけでデカルトの本質が吸収できたことになるでしょう。

以上で「超速読」は終わりです。これだけでみなさんは『方法序説』を「超速読」し、その本質を理解したことになるのです。

†自分の経験を引用することで知識が定着する

重要なのは本質をはずさないことです。大事なところをはずして「超速読」しても、「何となく眺めたんだけどなあ。さすがに『超速読』ではわからないよな。デカルトだもんな」で終わってしまいます。

だからといって最初からゆっくり読めばデカルトがわかるのかというと、難しい本は読んでいるうちに最初のほうからどんどん忘れていきます。

ヘルマン・エビングハウスという人がつくった「エビングハウスの忘却曲線」によると、二〇分後には四二％、一時間後には五六％、忘れてしまうそうです。今は頭の中のディスプレイにデカルトの言葉があっても、三日後くらいにはほとんど忘れてしまっています。

ですから**あらかじめネットなどで有名な言葉をおさえ、その前後の文章も集中的に読んで、さらに人に自分の経験をまじえて話す**ほうがコストパフォーマンスが抜群にいいのです。「われ思う、ゆえにわれあり」は全員が知っている言葉ですが、その前後はどう書かれていたか、知る人は少ないでしょう。

そういうとき「ねえねえ、知ってる？　デカルトの『われ思う、ゆえにわれあり』は第四部に書いてあってね、デカルトはいろいろな考えをみな否定していったんだけど、最後にそれを考えている自分という存在だけが残った、という事実に気がついてとても興奮したんだよ」と話すことができます。

さらにここに自分の経験をからめて「僕も失恋したときは、自分の存在なんてこの世から消し去りたいと思ったけど、そう思っている自分を自分からは消せないんだよなあ」などと言えると、デカルトの本質をちゃんと理解できたことになります。

†デカルトの言葉を四、五個引用できればすごい人になる

これだけで十分、『方法序説』を「超速読」したことになりますが、さすがに物足りないという人は、次に有名な言葉に注目してください。ネットで「デカルトの有名な言葉」を検索すると、出てくるでしょう。

「われ思う……」の次に有名なのは、第二部の、物事を考えるには「次の四つの規則で十分だ」という箇所です。

デカルトは論理学のたくさんある規則ではなく、たった四つの規則だけで、物事を正しく考えられると言っているのです。その四つは、本文に「第一は」「第二は」「第三は」「そして最後は」と書かれている部分にまとめられています。本に（1）（2）（3）（4）と番号をふってしまうとわかりやすいでしょう。四つとはすなわち、

（1）即断と偏見を避ける
（2）部分に分割する
（3）順序に従って導く
（4）完全な枚挙と全体にわたる見直し

［デカルトの『方法序説』を「超速読」してみよう］

（1）本を買おう

本に線を引いたり、キーワードを
囲んだりするので、本は購入しよう

（2）表紙、裏表紙、
袖を見よう

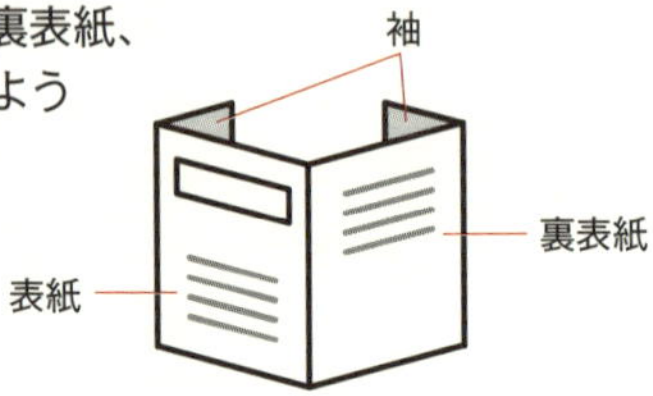

表紙や裏表紙、袖には本の内容や
著者について概略が書いてある、そこを読む

（3）有名な言葉を探そう

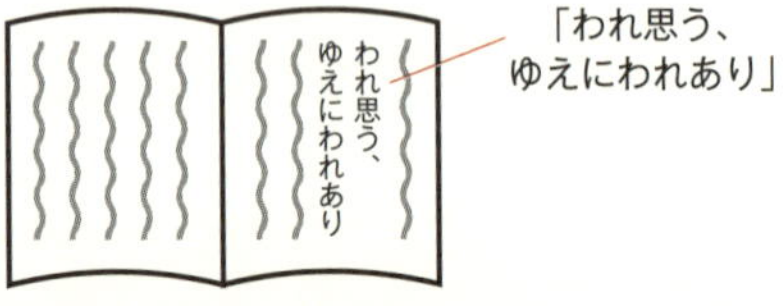

ネットなどで有名な言葉を検索し、
その言葉がどこにあるか探そう

（4）有名な言葉の前後の文章に注目！

有名な言葉の前後を読み、その言葉に関する知識を得る

（5）自分の体験を入れながら、キーワードについて説明する

内容を説明するだけでなく自分の経験に引き寄せるだけで知識は自分のものになる

（6）これで物足りなければ、さらに有名な個所やキーワードを４、５個探して人に話す

１冊の本の中から４、５個キーワードを引用できれば、その本が詳しい“すごい人”になれる

です。この四原則を知っていると、一生の宝になります。

そしてこの「四つの規則」に加えて、本の扉、「方法序説」というタイトルの横を見ると、「理性を正しく導き、学問において真理を探求するための」と書かれているので、**この本は理性を上手に使うことを説いている本だ、という前提がわかります。**

また第一部には「世界という大きな書物のうちに見つかるかもしれない学問だけを探求しようと決心し」という面白い言葉も書いてあります。デカルトはおもな本はだいたい読んでしまったので、世の中を知るために旅に出たのです。

そういう言葉を四、五個言えれば、デカルトについてはかなり詳しい人になれます。私はデカルトについて四、五個の言葉を引用して、それについてコメントできる人に会ったことがほとんどありません。このように有名な箇所だけ拾って読む「超速読」でも、デカルトの本質に十分近づけ、デカルトに詳しい〝すごい人〟になれるのです。

2　現代社会に通じる言葉を五、六個選び、深く思案しよう

〔『五輪書』宮本武蔵〕

†限定セレクトした言葉に手作業で線を引いていく

剣術の奥義をまとめた宮本武蔵の『五輪書』も、ぜひ読んでおくべき古典のひとつです。武蔵は「よくよく鍛練すべし」「よくよく吟味すべし」「よくよく工夫すべし」と言い続けています。そのアドバイスを一つでも実行すれば、勉強でも、仕事でも、スポーツでもひじょうに上達できます。

しかし私たちは剣術をやるわけではないので、『五輪書』のすべてを読む必要はありません。自分に関係するのはどの部分なのか、あらかじめネットで調べておくのもひとつの手です。

今はネットがとても便利で、『五輪書』に詳しい人がいろいろなことを言ってくれます。

それらをザーッと見て、いいと言われている言葉を五〜一〇個ほどセレクトし、その部分を本で見つけて、赤で囲い、前後をささっと「超速読」すればいいでしょう。

自分にピンと来た言葉を選べばいいのですから、それほど難しくありません。私の場合は「千日の稽古を鍛《たん》とし、万日の稽古を練《れん》とす」という言葉が好きで、自分の講演会や総合指導をしている「にほんごであそぼ」というテレビ番組でもよく使わせてもらいました。

そうやって、気に入った言葉はいろいろなところであえて使って、覚えてしまいます。ちなみにこの言葉は『五輪書』「水の巻」の最後に書いてあります。人に説明するときに、「ネットで見たんだけど」と言うのと、ちくま学芸文庫や講談社学術文庫を持っていて、自分でちゃんとチェックを入れているのとでは、説得力がまったく違います。

私は基本的に、**自分の手作業で本に線を引いたり、赤く囲んでいれば、「読んだ」と言っていいと考えています。**全ページ読んだかどうか問題にする人もいないと思いますし、全ページ読んでも、ほとんど忘れてしまうくらいなら、〝限定セレクト〟でしっかり覚えておいたほうが「読んだ」に近いのではないでしょうか。

そのためには、自分の手を使って、本に印を入れるのが大事だと思います。

†『五輪書』は深く思案できる言葉の宝庫

『五輪書』の水の巻の序には「この書に書き付けたるところ、一言〳〵一字〳〵にて思案すべし」（ちくま学芸文庫・佐藤正英 校注・訳）と書かれています。「アバウトに覚えていると、道を間違うよ。だから一個一個ちゃんと思案しろ」というわけです。

しかし全部について思案するのはたいへんなので、三つから五つくらいにしぼってやるのがいいでしょう。いくつか、大切な言葉をあげておきましょう。

◎「空《くう》なることにおいても拍子《ひやうし》はあり」

これは地の巻の「兵法の拍子のこと」に書いてある言葉です。武芸や芸事にもタイミングがありますが、それは「空なること」つまり、目に見えないものにもあるというのです。

原文では武士が主君に仕えたり、失脚したりするタイミングなどを言っています。現代社会でも言えることでしょう。転職するタイミングやプロポーズのタイミングなど、自分に関係するタイミングが大事だから、物事の流れをちゃんと見極めろ、ということです。

◎「先《ま》づ、太刀を取りては、いづれにしてなりとも敵を斬るといふ心なり」

その一方で「ただ斬ることが大事」という主張もあります。水の巻にある言葉で、その意味は太刀を取ったら、とりあえず斬る、です。

サッカーの試合でも、目的はシュートして点を入れることなのに、パスを回すことに一生懸命で、シュートを打たないチームがあります。武蔵に言わせれば、「これは一体何をやっているのだ！」「基本ができていない」ということになります。

とにかく周りの雑音や相手の出方にとらわれないで、一気に行け。勝負は粘りが肝心だから、相手が根負けするまで粘れ。あるいは同じ手を二度と使うな、ということも書かれています。

◎「わが身は強く、直《す》ぐにして、人を追ひ廻し、人に跳びはねさせ、人のうろめくやうに仕懸けて、たしかに勝つところを専《せん》とする道なり」

これは有名な言葉です。風の巻の「他流に短き太刀を用ふること」にある文章です。自分は強く、まっすぐでバランスをくずさない。相手のバランスをくずさせて、勝つ、というやり方です。

卓球の伊藤美誠《みま》さんが中国のトップスリーを連破した試合をテレビで見ましたが、相手がどんどんバランスをくずしていくのがわかりました。テニスや卓球の試合を見ていると、勝っている方の姿勢はきちんとしていて、相手がどんどん沈んでいくことがよくあります。現代社会でも自分が平常心をくずすと一方的に負ける、という教訓になります。

◎「構へはありて構へはなき」

これも知られた言葉です。『五輪書』の水の巻から引用されています。原文は刀の構え方について述べていて、構えにとらわれるな、という教えです。

ビジネスや人生においても、固定観念やルールにとらわれず、柔軟な発想でのぞめという意味に読めるでしょう。

◎「観《かん》・見《けん》、二つのこと」

同じく水の巻にあるこのフレーズも有名です。「観」は俯瞰する目、「見」は細部を見る目で、剣術で相手に勝つためには両方の目を持たなければいけない、という意味ですが、現代にも通じるアドバイスです。

✝本にフセンを貼って〝こなれた〟本にしよう

このように『五輪書』には現代の競争社会を勝ち抜く上で、ヒントになる言葉があふれています。ネットなどを参考に、「これは」という言葉に線を引っ張ると同時に、フセンを貼っておくといいでしょう。

五、六個フセンが貼ってあると、〝読んだ感〟が満載です。本にフセンを貼る人はあまりいないのですが、これをやると本の見かけじたいが変わるので、「ほう、充実しているな。読んだな」と自分自身に達成感が感じられるでしょう。

フセンは一〇〇円ショップでも売られていますので、それを活用して貼っておくと、本をこなしたというか、こなれた本という感じになります。

要するに本がたくさんあるうちのひとつ、〝one of them〟にしないことです。次の節でふれますが、『星の王子さま』に出てくるバラがそうです。王子さまが自分の星に残してきたバラは、ほかのバラとは違う唯一のものです。「この本は特別」と感じることが重要です。

印刷されている本は何千冊、何万冊とありますが、本屋さんにあるものとは違います。

［フセンを貼って“こなれた”本に］

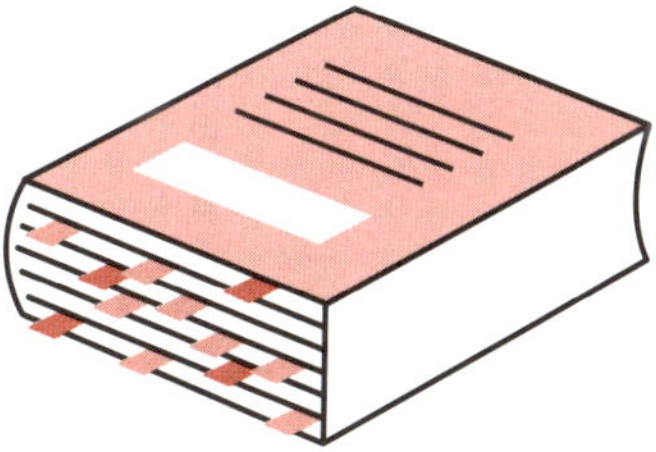

フセンが貼ってあると、
“読んだ感”が満載になると同時に
“こなれた”特別の本という感じになる

自分でフセンを貼り、線を引っ張った本は『星の王子さま』における、残してきたバラと同じで、自分が世話をしたということです。

〝世話をする〟という感覚が、「超速読」において知識を定着させるコツです。

3　素敵な言葉が出てくる文脈をしっかりつかんで、実生活に活用しよう

〔『星の王子さま』サン＝テグジュペリ〕

†「大切なことは目に見えない」が説明できるか

『星の王子さま』は読みやすい本ですので、「超速読」も何もありませんが、有名なところがいくつかあるので、ここで「超速読」してみましょう。

この本で何といっても有名なのは「大切なことは目に見えない」というフレーズです。岩波書店のオリジナル版『星の王子さま』（内藤濯訳）では「たいせつなことはね、目に見えないんだよ」（第二六章）となっています。

この言葉を聞いたことがある人はたくさんいるし、サン＝テグジュペリが書いたものだと知っている人も多いでしょう。でも、それが**どういう文脈で出てきたのかを説明できない人もいると思います。それがさっと言えれば、「さすがに本を読んでいる」ということ**

になります。

これは、キツネが星の王子さまにプレゼントした言葉です。正確には「かんじんなことは、目に見えないんだよ」（第二一章）です。キツネが王子さまと出会ったとき、最初は少し距離があります。キツネは〝飼い馴らされた〟動物ではないからです。でもそのうちキツネは王子さまと仲良くなりたくなって、「同じ時間に、ちゃんと会いたい」と言います。

しかし王子さまは移り気な人で、すぐに他の場所に移動してしまいます。王子さまがほかに移動するとき、仲良くなったキツネが王子さまに贈った言葉が有名になってひとり歩きしていったのです。

約束して決まった時間に会うことで、なつくようになります。キツネとの出会いで王子さまが学んだのは、「人間は大切なことをすぐ忘れてしまう。でもあなたはこのことを忘れてはいけない。面倒を見た相手には、いつまでも責任があるのだ。だから守らなくてはいけない。バラの花との約束を」ということです。

バラの花とは、星の王子さまが自分の星で世話をしていたバラのことです。世話をすれば、相手はなつく。絆ができます。キツネも同じです。そういう相手には責任を持って、絆を大切にしないといけない、とキツネは言ったわけです。

多くの人がこの言葉を「素敵！」と言いますが、ちゃんと原典に当たって線を引っ張ると、さらに知識が深まって、より身についた言葉になるでしょう。原典を引用しておきます。

「じゃ、さよなら」と、王子さまはいいました。
「さよなら」と、キツネがいいました。「さっきの秘密をいおうかね。なに、なんでもないことだよ。心で見なくちゃ、ものごとはよく見えないってことさ。かんじんなことは、目に見えないんだよ」
「かんじんなことは、目には見えない」と、王子さまは、忘れないようにくりかえしました。

（『星の王子さま』岩波書店・第二一章）

ちょっと余談になりますが、これからお話しすることは、サン＝テグジュペリのロマンチックなファンの方は読まないでください。実はサン＝テグジュペリには愛人がいて、いろいろたいへんだったようです。

星の王子さまはたしかに外見がよくて、やさしい人ですが、一度面倒を見たバラを忘れてしまうと、「私はもて遊ばれただけでしょうか」とバラが世間に暴露して、大スキャンダルになりかねません。ですからここで星の王子さま（おそらくサン＝テグジュペリ）は、その言葉を忘れないようにくり返したわけです。

そういう背景も知った上で、この言葉を味わうとまた違った感慨がわいてきますね。

†素敵な言葉が出てくる箇所を原典で確認する

『星の王子さま』には、ほかにも素敵な言葉がたくさんあります。いくつか引用しておきましょう。ぜひ原典にあたって、この言葉が出てきた文脈を拾ってみてください。

◎「砂漠が美しいのは、どこかに井戸をかくしているからだよ……」（第二四章）

これは、砂漠に不時着した飛行機のパイロット＝「ぼく」に、王子さまが言う言葉です。**「井戸」というのは象徴的な言葉です。この人には水がわきあがるような井戸がある。そういう優しさや誠実さがある、**という意味かもしれません。あるいは「たいせつなものは目に見えない」という言葉と同じ意味にもとれます。

なお井戸の話は、その後にも出てきます。王子さまが井戸の水をくもうとするので、主人公の「ぼく」がかわりにくんであげるのです。「ぼくが汲《く》んであげるよ。きみには重すぎるから」（第二五章）という会話があります。

「後ろのほうにも、井戸の話が出てくるよね」と言えると、〝読んでいる感〟がぐっと増します。

◎「きまりがいるんだよ」（第二一章）

この言葉も有名です。「きまりが大事」ということですが、この言葉がどういういきさつで出てきて、どんな会話のところにあったのか言える人は少ないでしょう。たいていは何となく知っているぐらいですから、「超速読」するときは、そういう有名なところをしっかり読んでおくと、〝『星の王子さま』に詳しい人〟になれます。

ちなみにこれは、キツネが王子さまと仲良くなるために言った言葉です。

◎〈これ、こわくない？〉とききました。／すると、おとなの人たちは〈ぼうしが、なんでこわいものか〉といいました。／ぼくのかいたのは、ぼうしではありません。ゾウをこ

なしているウワバミの絵でした。（第一章）

原典の挿絵を見ると、帽子のふちのように見える部分にちゃんと目がついています。だからこれはゾウを飲み込んだウワバミ（大きなヘビ）だとわかります。みんな、子どものころの感性を忘れてしまうと、ウワバミが帽子に見えてしまうのです。

◎「わたしは、この本を、あるおとなの人にささげたが、子どもたちには、すまないと思う（中略）そのおとなの人は、むかし、いちどは子どもだったのだから、わたしは、その子どもに、この本をささげたいと思う。おとなは、だれも、はじめは子どもだった。（しかし、そのことを忘れずにいるおとなは、いくらもいない。）」

ここは『星の王子さま』の冒頭の部分です。**サン＝テグジュペリは大人の心の中に住む子どもに向かって語りかけています。**

私は、この手法を講演会でよく活用しています。たとえば聴衆が六〇代七〇代の男性が主体のとき、ドーンと重い空気が漂っていることがあります。そういうときは雰囲気をやわらげるために「こんにちは、竹野内豊です」と自己紹介するのです。

それでも、全然笑わない会場のときもあります。その場合は、次のように言います。

「これ、小学三年生なら大爆笑ですよ。みなさんは大人の心になりすぎてしまっているので、小学校三年生の身体になりましょう」。そして全員に立ってもらって、その場でジャンプし、軽く息をハッハッと吐いてもらいます。

そして「私はみなさんの中の小学校三年生に語りかけます。みなさんが理解していなくてもいいんですよ。みなさんの中の小学三年生がわかってくれればいいですからね」と言って講演会を始めると、だいたいやわらかい空気になります。

『星の王子さま』も、大人の心の中に住む子どもに向けて語られた本です。そのやり方を私も講演会で使わせてもらっている、ということです。

ついでに言うと、ほかにも中勘助の『銀の匙』と『ちびまる子ちゃん』も私にとって影響の大きい本でした。

中勘助は、克明に子ども時代を覚えています。同様に『ちびまる子ちゃん』の作者さくらももこさんも、小学校三年生のころを冷凍保存でもしていたかのように、そっくり覚えています。

「星の王子さま」、中勘助、「ちびまる子ちゃん」に共通するのは、子ども時代の忘れかけた思い出の一瞬こそがリアルで、本質的だということです。

[名言は原文で確認し、実生活にも生かそう]

おとなはだれも、はじめは子どもだった
有名な言葉は、
必ず原文で確認しよう
私はね、みなさんの
心の中にある「子ども」に
語りかけているんですよ

有名な言葉は必ず本で確認しよう。
文脈で理解すると忘れにくい。
さらに実生活で使ってみると、絶対に忘れない。

それを踏まえて、私は子ども時代のその人に語りかけるという手法で、いちばん言いたいことを訴えかけているのです。

†ラストシーンは最重要。ぜったい読むべし

『星の王子さま』のラストシーンは、ぜったいにおさえておくべき箇所です。王子さまは毒へビにかまれ、自分の星に帰っていきます。ラストシーンで、王子さまは腰をおろして「ぼく」にこう言います。

「さあ……もう、なんにもいうことはない……」（第二六章）

そして立ち上がって、ひとあし歩いたのですが、その後一本の木が倒れるように静かに倒れるのです。このシーンは王子さま

が倒れる有名な絵とともに、ひじょうに印象に残る場面です。

ラストシーンといえば、私は新美南吉の『ごん狐』の最後、「ごん、お前《まい》だったのか」が忘れられません。インターネットの青空文庫にもありますので、興味がある方はぜひ「超速読」してみてください。

あの場面が引用できると、『ごん狐』を読んだよね、という話になるのと同じです。『星の王子さま』も、王子さまが一本の木のように倒れるラストシーンはクライマックスですから、そこだけはちゃんと読んでおきましょう。

『星の王子さま』の原文はフランス語で書かれています。**フランス語で読んでみると、もっと本質が体感できると思います。**これは「超速読」ではありませんが、もしみなさんに時間があるなら、フランスの名優による全文朗読CD、『朗読CDフランス語で聴こう「星の王子様」』（第三書房）をお聞きになるのがおすすめです。

とてもきれいなフランス語で、情感豊かに流れるように朗読されています。日本語の対訳も出ているので、それとセットにすると、フランス語がわからなくても、何となく雰囲気がつかめるでしょう。

4　偉大な人格に出会う喜びを感じよう〔『ソクラテスの弁明』プラトン〕

†有名な古典は最後から読むべし

「『ソクラテスの弁明』を読んだことがある？」と聞かれて、「うーん、あったかなあ、なかったかなあ」という人はだいたい読んだことがない人です。話は知っていても、読んだことがある人は少ないのです。

「ソクラテスの弁明」は、文庫で六〇ページ弱の短い文章です。ぜひ購入して、「超速読」してみてください。こういう有名な古典は、最初よりまず最後を読むといいでしょう。

「しかしもう去るべき時が来た――私は死ぬために、諸君は生きながらえるために。もっとも我ら両者のうちのいずれがいっそう良き運命に出逢うか、それは神より外に誰も知る者がない」。

ここはラストシーンですから、しっかり赤線で囲んで、くっきりさせましょう。「しかしもう去るべき時が来た――私は死ぬために、諸君は生きながらえるために」。かっこいい言葉ですね。

ソクラテスは、明らかに冤罪によって死刑にされようとしています。不正をしているのは、裁判をしている側の人たちです。しかしたとえ相手が不正をしたとしても、自分は不正をしない、というのがソクラテスの考え方です。

岩波文庫の『ソクラテスの弁明』には、「クリトン」という短編がセットでついてきます。これはソクラテスと彼の老友クリトンとの対話です。クリトンはソクラテスに逃げることをすすめるのですが、ソクラテスはそれを拒否します。

「熟考の結果最善と思われるような主義以外には内心のどんな声にも従わないことにしているのだから」（「クリトン」第六章）と答え、死刑という運命を受け入れると言っています。そこに彼の覚悟を読み取ることができます。

当時の牢獄は、今のように頑丈ではなかったでしょう。逃げようと思えば逃げられるのですが、それをしない。ここにソクラテスの人格の偉大さがうかがえます。

はたして自分だったら、こんな裁判を受けたとき、平然と運命を受け入れられるでしょうか。

†「無知の知」の出典をおさえよう

ソクラテスといえば「無知の知」が有名です。知らないことを自覚することこそ真理にいたる道である、という意味です。「無知の知」という言葉は直接的にはソクラテスが述べているわけではありません。ただソクラテスの考え方をまとめると、「無知の知」になるとして、広くこの言葉が伝わったのです。

『ソクラテスの弁明』を読むと、彼がデルフォイで「もっとも賢い賢者である」との神託を受け、その意味を探求する話が出てきます。その過程で、彼は自分を賢者だと思い込んでいる人たちが、実は賢者でないと知ります。

要するに、**「自分は何でも知っている」と思い込んでいる人より、「自分は何も知らない、と知っている」人のほうが賢いと気づいたのです。**そのことによって、ソクラテスは学者や政治家たちの恨みを買い、死刑に処せられるわけです。

『ソクラテスの弁明』では第六章に「無知の知」に関することが書かれています。

「これに反して私は、何も知りもしないが、知っているとも思っていないからである。されば私は、少くとも自ら知らぬことを知っているとは思っていないかぎりにおいて、あの男よりも智慧の上で少しばかり優っているらしく思われる」。

この部分とその周辺だけでも読んでおくと、「『ソクラテスの弁明』には無知の知という言葉はないんだよ。でも『知らないことを知っているほうが賢い』と書いてあってね」などと説明することができるでしょう。

†吉田松陰の『留魂録』とセットで読むのがおすすめ

『ソスラテスの弁明』とセットになっている「クリトン」も、最後を読むべきです。最後はこんな場面で終わっています。

ソクラテスは「こういう声が耳の中で囁くのを聴くような気がする」（第十七章）と言っています。どんな声か簡単に言うと、正義を重視せよ。あの世に行ったとき、きちんと自分を弁明することができるように、ということです。

「今ならお前は不正を（中略）加えられた者としてこの世を去るのだ。しかるにもしお前が脱獄して、無恥千万にも、不正に不正を、禍害に禍害を報い、かくてわれわれに対するお前の合意と契約とを蹂躙して、また最も禍害を加えてはならない者（中略）にこれを加えるなら、その時、われわれはお前の存命中を通じてお前に怒りを抱くだろうし、またあの世ではわれわれの兄弟なる冥府《ハデス》の国法も、親切にお前を迎えてはくれまい」（第十六章）

要するに**不正に対して不正をしてはいけないという心の声を聞いた、**という場面で『クリトン』は終わっています。

ソクラステの死への向かい方を読むと、私は吉田松陰を思い出します。みなさんも『ソクラテスの弁明』を読んだあと、吉田松陰の『留魂録』（講談社学術文庫・全訳注 古川薫）を「超速読」されるといいと思います。

ここには「呼びだしの声まつ外に今の世に待つべき事のなかりけるかな」（第十六章）や、「身はたとひ武蔵の野辺に朽《くち》ぬとも留置《とどめおか》まし大和魂」（第一章）といった辞世の歌がのっています。吉田松陰も実にすがすがしい態度で死を迎えました。

自分は三〇歳で世を去るが、けっして短い生涯だったわけではない。一〇歳には一〇歳の春夏秋冬（四時《しじ》）があり、三〇歳には三〇歳の春夏秋冬がある。だから自分には悔いがない。私がまいた種を刈り取るのは君たちだ。そういう内容の遺書です。

この部分は「今日死を決するの安心は四時《しじ》の順環に於て得る所あり」（第八章）という段落に書かれていて、音読しても読むのに一分もかかりません。ぜひ『ソクラテス』とセットで「超速読」していただけると、本質が見えてくると思います。

ソクラテスにしても、吉田松陰にしても、彼らの言葉を今読めるのはすごく幸せなことです。

一ページ読んだだけでも、人格の大きさに触れることができます。ソクラテスの言葉と人格を本として残してくれたプラトンに、「ありがとう！　プラトン！」と感謝したくなります。

有名な言葉を原典で見つけて「ああ、ここがそうなんだ」とチェックすると、瞬間的な出会いなのに、ソクラテスや吉田松陰の偉大なる人格に出会った気がします。

このような大いなる人格との出会いは「超速読」の深みのある成果と言えます。これを私は「一期一会読書法」と名付けたわけですが、みなさんもぜひ一生に一度出会うという気持ちで、偉大な古典にふれてみてください。

5　自分にいちばん食い込む言葉を拾おう〔『ツァラトゥストラ』ニーチェ〕

†的外れな解釈を避けるため、後ろの解説に目を通す

「『ツァラトゥストラ』を全部読んだよ」という人はめったに見つからないと思います。手に取ったことがある、というだけでも「すごい！」と言われそうですから、ぜひ「超速読」して、中身を語れるようにしてください。

こういう本は要約的なところを間違えると、とんでもなく的外れな解釈をしてしまうので、「超速読」する前に、必ず**文庫本の後ろの解説などを読み、ネットでニーチェの思想を確認しておくことをおすすめします。**

内容は山にこもっていたツァラトゥストラが、神の死を確信して、山からおり、人々に説教を始めるところから始まります。そしてさまざまな人と議論し、弟子も集まりますが、

再び山に戻ってしまうという話です。

一見、小説のようですが、内容は観念的で、難解な所もあります。しかし書かれている文章は示唆に富んでいて、パッとページを開くだけでも、深い言葉が飛び込んできます。たとえば『ツァラトゥストラ　上』（ちくま学芸文庫）には、こんな文章が出てきます。

◎「すべての書かれたもののうちで、わたしは、人が自分の血でもって書いているものだけを、愛する。血でもって書け。そうすれば、きみは、血が精神であることを経験するであろう」「血と箴言《しんげん》とで書く者は、読まれることではなくて、暗記されることを欲する」（第一部〔7〕）

要するに暗記されて身に刻まれることが大事。全部読んだとしても、それが散ってしまって引用できないのではダメだ、ということです。これは瞬間的な出会いのことを言っているとも受け取れます。

◎「今やわたしは軽やかである、今やわたしは飛行する。今やわたしは自分を自分の下に見る、今や或る神がわたしの身うちを踊って過ぎる」（第一部〔7〕）

私は授業で学生にこの言葉をすすめました。何かの瞬間に自分を通じて、神が舞い降りたのではないかと思うような経験が、みなさんにもないでしょうか。

「今、自分にしては天才的にうまくしゃべれたんだけど」とか「自分にしてはこのアイデアは天から降ってきたみたいに、すごいものだ」などというときに、「神が舞い踊っている」という感覚がつかめると思います。

†言葉にまつわるエピソードを思い出そう

『ツァラトゥストラ』には難解な文章だけがあるわけではありません。こんな言葉もあります。

◎「むしろ健康な身体の声に耳を傾けよ」（第一部〔3〕）「身体は一つの大いなる理性である」（第一部〔4〕）

　この言葉も私は授業で学生に教えました。こういう言葉に接すると、学生たちは「ほう」と感動します。私は学生たちに「みんな、この言葉にまつわるエピソードを思い出してください」と指示しました。するとみんな何かしら、自分なりの経験を思い出して語ってくれます。

たとえ**難解な古典であっても、そのうちのワンフレーズでも自分のものとして語ることができれば、本質の一端に近づけたと言っていいでしょう。**

「あのとき受験に失敗して、人生が終わったかと思うほどショックでしたが、しっかり食べて、しっかり寝たら、次の日は元気になっていました。身体が元気なら、心もしゃんとする。やっぱり肉体は大きな理性なんですね」とでも言えれば、ニーチェの言葉を自分のものにできたことになります。

◎「見よ！　蜜《みつ》をあまりに多く集めすぎたミツバチのように、わたしは自分の知恵に飽き果てている。わたしは差し出される手を必要とする」（序説）

これはかっこいい言葉です。知恵がたまりすぎたから、誰か受け取ってくれ、と言っているのです。一度でいいから、こういう言葉を言ってみたいものです。そういうかっこいい言葉を見つけていくのもいいでしょう。アトランダムにページをパッパッとめくって、ふと目についた言葉を拾う〝おみくじ方式〟でも「ほう」というものが見つかります。

◎「自分の友人において自分の最善の敵を持つべきである」（第一部〔14〕）
友人関係に悩んでいるなら、こういう言葉も参考になります。ニーチェの名言はいろいろなところに出ていますので、そういうものを読んだ上で、いちばん自分に食い込むものを一期一会でチェックしていくのもいいと思います。

6　ページ数の少ない古典こそ、「超速読」に最適

〔『共産党宣言』マルクス／エンゲルス〕

最初と真ん中、最後をおさえれば大丈夫

マルクスとエンゲルスが書いた『共産党宣言』という本を読んだことがある人は、いるでしょうか。私は左翼でも右翼でも何でもありませんが、マルクス主義の本は相当読みました。『共産党宣言』は歴史的な本ですから、教養として読んでおいたほうがいいと思います。

『マルクス・エンゲルス　共産党宣言』（岩波文庫　大内兵衛・向坂逸郎訳）は、一〇〇ページに満たない薄い本で、簡潔に要点が書かれているので、「超速読」に適しています。

まず、最後は「万国のプロレタリア団結せよ！」（第四章）で終わっています。**「どういう本ですか？」と聞かれたら、「〝万国のプロレタリア団結せよ！〟という本です」と答え**

ればいいでしょう。

あるいは、第一章の書き出し「今日までのあらゆる社会の歴史は、階級闘争の歴史である」です。たった一行でこの本を要約しています。本当にマルクスとエンゲルスは利口だなと思います。

さらに文章全体の冒頭には、「ヨーロッパに幽霊が出る――共産主義という幽霊である」とあります。これも有名な言葉です。

そのほかにも「この労働者は、自分の身を切り売りしなければならないのであるから、他のすべての売りものと同じく一つの商品であり、したがって、一様に競争のあらゆる変転に、市場のあらゆる動揺にさらされている」（第一章）とあります。

この文章は労働力が商品であることをごく簡単に言っていて、労働者が何かということがものすごくてきぱきと説明されています。素晴らしい要約力だと思います。このように最初と最後、真ん中ぐらいを知っておけば、だいたい『共産党宣言』がわかります。

マルクス主義が好きな人も嫌いな人も、とりあえず『共産党宣言』ぐらいは読んでおいて、引用できたほうがいいでしょう。『共産党宣言』のようにページ数が少ない短い古典は、「超速読」に最適です。

コラム 「超速読力」の効用③

「超速読力」があれば、ぼうだいな本に出会える

あたりまえですが、「超速読力」が身につくと、たくさんの本が読めるようになります。私の場合、つねに一〇冊くらいを同時並行で読んでいるので、一、二冊挫折してもどうということはありません。しかも「超速読方式」を取り入れて読む本もありますから、大量の本と出会うことになります。

それだけたくさんの本を読んでいると、学問分野のあらゆる知識がだいたい手に入ります。面白いのは、本は読めば読むほど知っていることが増えていって、ますます読みたくなることです。知らないから面白いのではなく、知っているから読める。知っているから味わえる。人は知っていることに興味を持つのです。だって、知らない人のコンサートに行って、知らない曲ばかり聞いても、面白くないでしょう。知っている人のCDを聞き込んでコンサートに行ったほうが楽しめます。

本も知らない知識を仕入れるのではなく、知っている知識をさらに増やすから面白い。その段階に入ると、ますますスピードが増してきます。一冊の本を一〇分や一五分で読め

るようになると、快感になります。

そして読んだ本が一万冊を突破するころには、「もう知ってるよ、この話」という感じになって、確認につぐ確認になります。そうなると、本を読む労力も格段に楽になって、労力は少なくても得るものは深くなります。だいたい一〇〇〇冊を超えるくらいで、「それ、もう知ってる」という話がボツボツ出てくるでしょう。

「この話はあれだよね」「これに書いてある元はこの本だよね」などと言いながら読む人は速く読めます。

岩波新書というと、教養書を代表する本ですが、以前、岩波新書で本を書かせてもらったとき、編集者から「岩波新書を一巻から全部読んでいる人がいるんです」という話を聞き驚きました。岩波新書は昭和一三年の創刊で、これまでに三二〇〇点以上出ています。それを一冊目から全部読んでいるというのですから、「ひゃーっ」という感じです。

その人が「超速読」をしているのかどうかわかりませんが、私たちも「超速読力」を使えば、今からでも岩波新書の全点読破は可能です。読めば読むほどいよいよ加速してくるという点も「超速読力」の面白いところでしょう。

おわりに　書を買って、カフェに入ろう！

「超速読」ができるようになると、短い時間をひじょうに有効に使うことができるようになります。たとえば新書を書店で買ったとします。それを持って二〇〇円くらいのコーヒーが飲めるカフェにいきます。

私はだいたい安いカフェに行くことにしています。なぜなら三軒くらいはしごをするからです。一杯四〇〇円のコーヒーだと三軒もはしごができません。でもだいたい二〇〇円くらいを上限にしておくと、新書を買ってカフェに一回入っても、新書とコーヒー代でだいたい一〇〇〇円くらいでしょうか。

カフェに行くのは、そこで時間と集中力を買えるからです。私は一五分すきま時間ができれば、カフェに入って本を読みます。**たった一五分でも集中して本を読めば、得るものが必ずあります。**たとえば一五分でマキャヴェリの『君主論』を「超速読」したとします。この本はたった三〇ページ読んだだけでも、「おっ」と思う言葉があります。『孫子』を一五分読めば、その中にも「おっ」という言葉があります。そういうやり方をしていくと、たった一五分の「超速読」で、たいていの人より『君主論』や『孫子』に詳しくなっているでしょう。

ふだんSNSやスマホのゲームで時間をつぶしていると、一五分くらいはあっという間に過ぎてしまいます。でもその一五分をカフェに入って、「超速読」に使うと、もしかしたら人生を変えるようなインパクトのある本に出会えるかもしれません。

出会いのときを祝祭に！

みなさんもこの言葉をこれからの合い言葉にして、「超速読力」を鍛え、カフェでの一五分を人生のゴールデンタイムに変えてください。

本書の刊行にあたっては、辻由美子さん、筑摩書房の羽田雅美さんにお世話になりました。

二〇一九年五月

齋藤　孝

図版作成＝朝日メディアインターナショナル株式会社
編集協力　辻　由美子

ちくま新書
1412

超速読力《ちょうそくどくりょく》

二〇一九年七月一〇日　第一刷発行

著　者　齋藤孝（さいとう・たかし）

発行者　喜入冬子

発行所　株式会社　筑摩書房
東京都台東区蔵前二-五-三　郵便番号一一一-八七五五
電話番号〇三-五六八七-二六〇一（代表）

装幀者　間村俊一

印刷・製本　三松堂印刷　株式会社

ISBN978-4-480-07231-3 C0295

ちくま新書

766
現代語訳 学問のすすめ
福澤諭吉
齋藤孝訳
諭吉がすすめる「学問」とは？　世のために動くことで自分自身も充実する生き方を示し、激動の明治時代を導いた大ベストセラーから、今すべきことが見えてくる。

877
現代語訳 論語
齋藤孝訳
学び続けることの中に人生がある。――二千五百年間、読み継がれ、多くの人々の「精神の基準」となった古典中の古典を、生き生きとした訳で現代日本人に届ける。

906
論語力
齋藤孝
学びを通した人生の作り上げ方、社会の中での自分の在り方、本当の合理性、柔軟な対処力――。『論語』の中には、人生に必要なものがすべてである。決定的入門書。

1189
恥をかかないスピーチ力
齋藤孝
自己紹介や、結婚式、送別会など人前で話す機会は意外と多い。そんな時のためのスピーチやコメントのコツと心構えを教えます。これさえ読んでいれば安心できる。

1340
思考を鍛えるメモ力
齋藤孝
メモの習慣さえつければ、仕事の効率が上がるだけでなく思考が鍛えられる。基本のメモ力から、攻めのメモ力の技術、さらに大谷翔平等から学ぶ「鬼のメモ力」とは。

1352
情報生産者になる
上野千鶴子
問いの立て方、データ収集、分析、アウトプットまで、新たな知を生産し発信するための方法を全部詰め込んだ一冊。学生はもちろん、すべての学びたい人たちへ。

1399
問い続ける力
石川善樹
「自分で考えなさい」と言われるが、何をどう考えればいいのだろうか？　様々な分野の達人9人をたずね、それぞれの問いのたて方、そして問い続ける力を探り出す。